SHODENSHA SHINSHO

800字を書く力

――小論文もエッセイもこれが基本！

鈴木信一

JN264051

祥伝社新書

はじめに

国語の苦手だった者が国語教師となり、やがてものを書くようになって、小説やエッセーで賞を頂戴するようになった。本書が成立した背景には、そうした私自身の経験があります。

しかし、一番のきっかけは、公開講座で講師をつとめた経験でした。

私は毎夏、高校生から七十歳を過ぎた方までを対象に、《小説を書きたい人のための文章講座》と題する講義をおこなってまいりました。そして、暑いさなかの四日間、計八時間の講義は、毎回大変な反響を呼んだのです。

「目から鱗《うろこ》が落ちる思いだった」

「こんなこと一度も教わったことがなかった」

「書くということがどういうものか、いま頃になってはじめて知った」

しかし、いかがでしょう。これらの声は、よく聞けば、当たり前のことを知らされてこなかった結果としての、いわば嘆きの声ではないでしょうか。私はそのことに気づいて、国語教師の立場から大変なショックを受けました。

では、当たり前のこととは何でしょう。それは、ひとことで言えば、書くことは発見の営みだということです。人は書きたいことがあるから書くのではありません。書きたいことを見つけるために書くのです。

「書きたいテーマがあらかじめない人間に、小説を書く資格はない」

「書くことを運命づけられた人間。それが作家なのだ」

本当でしょうか。その半生を垣間《かいま》見たとき、業《ごう》を背負っているとしか言いようのない作家はたしかにいます。彼はやむにやまれぬ思いに突き動かされ、気づいたときには筆を執《と》っていたのでしょう。では、作家はすべて、そういう特別な人たちなのでしょうか。

じつは、書くことが特権視される背景には、こうした言説の流布と、それへの盲信があります。でも、考えてみてください。作家は毎回、書かねば救われないと思って筆を執るのでしょうか。書かねばならないことが、そんなにたくさんあるのでしょうか。私はそうではないと思います。書かなければ食べていけない。率直に言ってしまえば、そうした経済上の都合が彼らに筆を執らせるのです。もちろん、作家としての情熱や野心はありましょう。しかし、書きたいテーマがないときでも、彼らは次から次へと作品を仕上げていかなければならないのです。

では、なぜそんな芸当ができるのか。彼らは、書くことが発見の営みだということ、大事なのは最初の一行を書き出す勇気だということを知っているからです。書きたいテーマがなくても、書き始めることによってそれが見えてくることを、彼らは経験的に知っているのです。

私たちは作家と同じ現実を生きています。作家ほどでないにしろ、絶えず書くことを求められているからです。入学試験や入社試験で課される小論文。学校や会社に提出するレポートや企画書。わが子の担任へ送る通知文。書きたいことがあろうとなかろうと、私たちも作品を仕上げていかなければならないのです。

どんなモチベーションのもとにあっても、一定水準以上の文章が書けるようになるためには、どうすればいいのか。本書の目的は、その方法を説くことにあります。もちろん、「発見の営み」「書き出す勇気」、これらは重要なキーワードですが、ほかにも知っておかなければならないことがたくさんあります。本書では、〔演習問題〕を随所に盛り込みながら、それらをわかりやすく説明しました。

さて、長くなりました。本書がみなさんの、書くことへの大きな足がかりとなることを祈念しながら、それでは文章講座を始めます。

なぜ「800字」なのでしょうか――。

小論文やレポート、企画書などもそうですが、新聞の社説やコラムも、じつはこの数字を一つの基本としています。

一例を概数によって示せば、朝日新聞の〈社説〉は1200字、〈天声人語〉は600字。読売新聞の〈社説〉は1000字、〈編集手帳〉は500字。平均すると、ほぼ800字となるのです。

身近なこの字数から、まずは始めようということです。

もちろん、ここから進んで、もっとたくさん書く人が出ていいと思います。

800字は原稿用紙二枚分ですが、この中に一つの宇宙を築ける人は、数百枚の小説を書くことも、すぐれた論文を書くこともできます。小説だろうと論文だろうと、書くことの根幹にあるものは同じだからです。

目次

参考文献

「一読総合法入門」児童言語研究会編（明治図書出版）
「文章論総説」永野賢（朝倉書店）
「ことばと文化」鈴木孝夫（岩波新書）
「常識について」小林秀雄（角川文庫）
「新編中原中也全集第四巻」（角川書店）

序章　学校で国語を学ぶ意味

（1）言葉はなぜ必要か

三歳児の世界

意志や情報を伝達する――。言葉の働きをそう考える人は多いはずです。恋の告白から新聞報道に至るまで、言葉はたしかに意志や情報を伝える媒体として欠かせません。

しかし、コミュニケーションの道具という以外に、言葉にはもう一つ重要な働きがあります。世界を認識する〝窓口〟としての働きです。

いま仮に、三歳児の目の前に「辞書」と「文庫本」と「参考書」を一冊ずつ置いたとします。さて、彼はこの三つを識別できるでしょうか。できませんね。みなさんには明らかに違って見えるこれらを、三歳児はひっくるめて「ごほん」と言うはずです。知識がないから当然だ。そう思うかもしれません。では尋ねます。知識とは何でしょう。

視神経の発達を言うのではありません。三歳児だってみなさんと同様、「辞書」を網膜《もうまく》でとらえているはずです。なのに「辞書」と「参考書」を識別できない。なぜか。

三歳児には、言葉が不足しているのです。みなさんと三歳児を分けているのは、じつは言葉の数です。知識とは、その人が身につけている言葉そのものを指すのです。

さて、そうであるなら、私たちはここである重大なことに気づきます。みなさんと三歳児とでは、身につけている言葉の数が違うために、世界が違って見えるということです。みなさんには「辞書」「文庫本」「参考書」の三種類のものが見えているのに、三歳児には「ごほん」という一種類のものしか見えていない。ちょっと想像してみてください。三歳児の見ている世界は、みなさんが見ている世界に比べたら、ずいぶんおおざっぱな世界ではないでしょうか。いいえ、同じ大人でも、語彙《ごい》の量が違えば、見ている世界は違ってくるのです。

せつなさも、「むかつく」と表現してしまう若者

言葉という〈窓〉を手に入れてはじめて、世界認識が可能になる。人間とは、そういう生き物です。言葉を手に入れなければ、視力がよくても世界はいっこうに見えてこないのです。国語を勉強し、本を読むわけはここにあります。言葉を身につけ、さまざまな言語表現に触れながら、世界をよりこまやかに見る〈認識の目〉を養って欲しい。国語学習の根底にはそういう願いがあるのです。

いま「世界」と言いましたが、これは外的世界に限りません。内的世界、すなわち心や生理をも含みます。

たとえば、幼児にはじめてプリンを食べさせたとします。するとどうなるか。その子は落ち着かなくなります。椅子から立ち上がったり、体を揺すったりします。体調の異変にどう対処していいかわからないのです。たとえそれが快感でも、人は未知の感覚には戸惑うものなのです。暴れ出す子だっているかもしれません。

言葉という〈窓〉を得てはじめて世界は見えてくると言いました。そうです。プリンを与えたら、「おいしいね」あるいは「甘いね」という言葉を同時に与えなくてはなりません。「おいしいね」や「甘いね」という言葉をもらってはじめて幼児は未知の感覚の正体を知り、ひいては心の安定を取り戻すのです。

いまの若者は「むかつく」という言葉でしか内面を表現できない、とは昨今よく言われます。これのどこが問題か、もうおわかりでしょう。言葉が不足していれば、渦巻く感情を理解し処理することを、その本人が十分な形でできなくなるのです。本当は「せつない」のに「むかつく」と言ってしまう。本当は「けだるい」のに「むかつく」で済ましてしまう。複雑で繊細な心を、これでは自分の中にうまく組み込むことができません。心は居場所を失い、不安定になります。結果、どうなるか。その子は暴力に走ります。心の不調や生理の不調を訴えるようにもなるのです。

（2）人はなぜ文章を書くのか

すぐれた表現には、世界の見方を反転させる力がある

言葉は、認識の窓には違いありませんが、世界は複雑です。言葉を単語としていくら仕入れても、十分な世界認識はできません。そこで、人間は単語から文へ、文から文章へと表現形式を広げていきました。

単語……「語句」
↓
文………「俳句」「短歌」
↓
文章……「詩」「随筆」「小説」「評論」

さて、大事なことは、これらのジャンルが世界の見方、とらえ方の一手段であり、それぞれが独自の役割を担っているということです。

単語が組み合わさって文ができれば、世界認識は深まります。文が組み合わさって文章ができれば、認識はより深まるはずです。では、俳句より詩のほうが、詩より小説のほうがすぐれているのかといったら違います。

冗長なだけで世界に対する新しい見方を何一つ提供しない小説もあれば、ほんの一行の短歌が切れ味鋭く世界を写し取ることもあります。ジャンルに優劣の違いはありません。あるのは役割の違いです。父親の一喝が必要なときもあれば、母親の長い説教が子どもの心を動かすときもある。それと同じです。

どんなジャンルであれ、すぐれた表現には世界の見方を反転させる力があること。むしろそのことを知るべきです。

せっかくですから、そういう例を二つばかり紹介したいと思います。みなさんの「ものの見方」や「心のあり方」に少しでも〝揺れ〟のようなものが生じたら、それこそは表現の力なのだと思います。

はじめに紹介するのは、福井県丸岡町《まるおかちょう》が主催する『一筆啓上賞、日本一短い「母」への手紙』というコンクールに寄せられた作品の一つです。

若い日あなたに死ねと言った、あの日のわたしを殺したい。

（八木達也、岩手県三十二歳）

解説はあえてひかえます。この短い言葉に触れたことで、世界の奥行きが数センチでも広がったならそれで結構です。

次は詩です。

悲しみ　　石垣りん

私は六十五歳です。

このあいだ転んで
右の手首を骨折しました。
なおっても元のようにはならない

と病院で言われ
腕をさすって泣きました。
お父さんお母さんごめんなさい。

二人とも、とっくに死んでいませんが
二人にもらった身体です。
今も私は子供です。
おばあさんではありません。
（北村薫『詩歌の待ち伏せ　上』より）

大人になると、知識を得るための読書が増えていきます。仕事上必要だからです。しかし、時間をやり繰りして、それでも詩や小説を手に取り、思想書をひもとくのはなぜでしょう。俳句や短歌の実作を試みるのはなぜでしょう。

私は、そこにあるのは〈世界との新しい関係を探る心理〉ではないかと思っています。個人が生きる世界は、ともすれば閉塞《へいそく》しがちです。食べて寝て働くというサイクルの中で世界は色褪《いろあ》せていき、社会が複雑化すれば世界は混沌《こんとん》としていきます。生に対する迷いは膨らみ、ときには恐れを抱くことさえあります。

人が言葉を手に入れようとするのは、そんなときです。詩を読み、評論を読んで、世界との関係を修復しようとするのです。自ら小説を書き、世界の見方、とらえ方の変更を試みるのです。

第一章　「書くこと」の仕組み

（1）人は絶えず「振り返る」

七〇％以上の人が、似たような文を書いた

突然ですが、これからマジックをご覧に入れます。まずは次の問題をやってください。

〔問題一〕次の詩の最終行を、作者は疑問文で結んでいる。同じように疑問文でこの詩を結ぶとしたら、あなたは（　X　）にどんな言葉を入れるか。ただし、作者が入れた言葉を当てる問題ではない。あなたならどうするかという問題である。

「魚」

夏が終わって
ひとりぼっちの静かな海に
昔おまえを探しに訪れた
ぐうぜん　おまえはとびついたっけ

うたがいもせず………
ぼくのエサに………
そんなところがあわれだね
涙ぐみながら見つめたりして
ぼくまでなんだか悲しくなったみたい
おまえをやっぱり返してやったよ
わびしいぼくらの出逢いだった
（　　　　X　　　　）？

さて、どんな言葉を入れましたか。みなさんが入れた言葉を、いまから当ててみせますので、まだ考えていない人は答えを用意してみてください。

はじめに、この詩の作者を明かしておきましょう。

作者は、桑田佳祐《けいすけ》さんです。サザンオールスターズのリーダーで、作詞・作曲を一手に引き受ける才人です。この詩は、彼が高校二年生のときに書いたもので、なにしろ校内文集に載った作品だということです。

みなさんが書いたものを当てるという約束でした。では、ずばり言います。次に挙げるどれかに、あなたの書いたものは似ていませんか。

タイプA

・(今は何をしているんだい)?
・(今おまえは何をしている)?
・(今頃おまえは何してる)?
・(おまえは今どうしているだろう)?
・(おまえは今どこで何をしているのだろう)?
・(おまえは今、どこをさまよっているんだろう)?
・(あれからおまえはどうしている)?
・(その後おまえはどうしてる)?

タイプB

・(今もまだこの海におまえはいるのか)?

・（おまえは今でも純粋なままでこの海を泳いでいるの）？
・（来年の夏もあの海にいるのかい）？
・（おまえはまだそこにいるのかい）？

タイプC
・（今も元気にやってるか）？
・（今も元気にしているか）？
・（おまえ、元気にやってるか）？
・（魚よ、今も元気に泳いでいるか）？
・（おまえはまだ生きてるか）？
・（まだおまえは生きているのかい）？

タイプD
・（また逢えるかな）？
・（またもう一度、おまえと逢えるかな）？

・（またどこかで出会うことはあるのかな）？
・（今日またおまえに遭えるかな）？
・（おまえともう一度会うことはないのかな）？

タイプE
・（おまえはぼくを覚えているかい）？
・（おまえは今でも覚えているか）？
・（おまえはおぼえているだろうか）？
・（おまえはもう忘れてしまったかい）？

タイプF
・（ぼくらの出会いは偶然だった）？
・（あれは偶然だったのか）？

これらの答えは高校生が実際に書いたものです。三年生のあるクラスで、四〇名中二九名

（七二・五％）がこうした類型的な答えを書きました。ほかのクラスでも、結果は似たようなものでした。したがって、みなさんの答えも、七〇％以上の確率でいずれかの類型と一致したのではないかと思っています。いかがでしょう。

「作者が入れた言葉を当てる問題ではない。あなたならどうするかという問題である」と、念押ししました。よって、みなさんは自由に書いたはずです。なのに、同じような言葉を書いてしまった。人の感性はまちまちであるはずなのに、どうしてこんなことが起こるのでしょう。

ここに、書くことの秘密があります。

それは、感性の問題ではなく、論理的必然性の問題

じつは、人は文章を書くとき、絶えず「振り返っている」のです。

次の一行を書こうとするとき、この問題でいうと（　　X　　）を書こうとするとき、私たちは「書きたいことを見据えて」その一行を書くのではありません。「書いたことを踏まえて」次の一行を書くのです。書き手の注意は、「書こうとすること」にではなくて「書いてしまったこと」に向けられているのです。

桑田佳祐さんが（　X　）に入れた言葉を紹介しておきます。「今はどこでどうしてる?」です。典型的なタイプAです。

では、どうしてこう書いたのか。彼はすでに書いた文を振り返ったのです。それも比較的近いところの、「おまえをやっぱり返してやったよ」を読んだのです。彼はこの詩句を読んだとき思ったはずです。〝返したは返したけど、その後どうなったのだろう〟と。つまり、「今はどこでどうしてる?」という言葉は、ごく自然に漏れ出たのです。この言葉が書かれたのは、必然の成り行きだったのです。

桑田佳祐さんと同じタイプAだった人、いましたか。その人たちは、「私は桑田さんと感性が似ているんだ」と喜んだかもしれません。しかし、いま述べたように、残念ながらこれは感性の問題ではありません。論理的必然性の問題です。

つまり、文章の言葉は、あらかじめ用意されているものでもなければ、天才的なひらめきによって湧き出るものでもありません。文章の流れから、必然的に導き出されるものなのです。

以下、それぞれのタイプが、どこを踏まえて（承《う》けて）書かれたものかを示しておきます。確認してみてください。

・タイプB、C……タイプAと同じ「おまえをやっぱり返してやったよ」です。
・タイプD……直前の「わびしいぼくらの出逢いだった」を踏まえているはずです。
・タイプE……「わびしいぼくらの出逢いだった」もそうですが、「昔おまえを探しに訪れた」の「昔」がしっかりと頭に残っていたはずです。
・タイプF……「ぐうぜん　おまえはとびついたっけ」の「ぐうぜん」に引っ張られて出てきた言葉でしょう。

(2) 文は何かが足りない形をとる

何かが足りないから、どんどん書きつづけていく

次の文を読んでください。

《きのうは良い天気だったが、一日中部屋でごろごろしていた》

どうでしょう。わかったこともありますが、それ以上にわからないことのほうが多かったのではないでしょうか。
・季節はいつか。
・「きのう」は何曜日か。
・「ごろごろしていた」のは男か女か。
・「ごろごろしていた」のは何者か。
・どうして「ごろごろしていた」のか。
・「部屋」とは一階にあるのか、二階にあるのか。
・「部屋」は和室なのか、洋室なのか。

このように、文というものは常に情報が不足した形で提示されます。そして、ここが肝心なのですが、文が書き足されるのは、その不足を補いたいからです。実際、ごろごろしていたのが何者か、どうしてごろごろしていたのかなど、不明な点はこのあと必ず明かされるはずです。たとえばこんなふうに。

《きのうは良い天気だったが、一日中部屋でごろごろしていた。A子に宛てた手紙の返事は、そろそろ来てもいい頃だった。僕は部屋と郵便受けのあいだを何度も行き来し、そのたびに

空振りを食らった。気力は次第に失せてゆき、気づいたときには日が暮れかかっていた。》

いかがですか。何者かは明かされませんでしたが、ごろごろしていたのが男であったことと、ごろごろしていた理由は、はっきりしましたね。

ところが、はっきりしたのはよかったのですが、同時に足りないことはまた増えてしまいました。

・A子とこの男はどういう関係なのか。
・A子とは何者か。
・A子にはどんな手紙を送ったのか。

つまり、足りないところを補おうと文は書き足されていったはずなのに、書けば書くほど足りないところは増えていく。だから書き手はまた文を書き加えていく。じつはこれこそが、文章が出来上がっていく仕組みなのです。

前段で、「人は絶えず書いたことを振り返りながら書く」と言いましたが、なぜそうなるか、もうおわかりでしょう。そうです。書き手は、書いたことを振り返りながら、無意識のうちに足りない情報を確認しているのです。

「おまえをやっぱり返してやったよ」と書く。ところが、書き手はこの文の不足にすぐに気づきます。返したはいいが、そのあとどうなっただろう。あの魚は元気でいるだろうか。そして、つぶやくのです。「今はどこでどうしてる?」と。

(3) 文章は「書くと書ける」

書くという行為には、即物的なところがある

「書くと書ける」。これは「書けば書ける」、「やればやれる」という精神論とは違います。文章はたった一行でも書いてしまうと、自動運転装置に導かれるように、延々とこれを書き継ぐことができる。そういうことを言っているのです。

えっ、ホント? そう思った人がいたはずです。では、みなさんは次のような経験をしたこと、ありませんか。

〝手紙や日記を書いているときに、言葉が次々とひらめいて、思いもよらなかったことへと話が進んでいく。そして、文章がいくらでも書けてしまう〟

このようなことは、誰もが経験しているのではないでしょうか。そして、自分は天才かもしれないと、密かに興奮したことがあったはずです。では、このケース、ひらめきはどこから湧いたのでしょう。

真夜中という時間帯が、脳を異常に活性化させたのでしょうか。それとも、あなたは本当に天才だったのでしょうか。

もうおわかりだと思いますが、そうではありません。足りないものを補おうとする意志があなたを導いたのです。

「今日は疲れた」

日記帳を開いて、何の気なしにこう書いたとします。すると、私たちはその瞬間から足りないものを自覚し始めます。

〝どうして疲れたのだろう？〟

こうした問いが無意識のうちに生まれ、こんどは疲れた理由を書かなければという気になるのです。そして、

「文集の綴《と》じ込みの仕事を、放課後、全部一人でやったのだ」

などという具合に綴《つづ》るわけです。するとこんどは、

〝どうして全部一人で仕上げなければならなかったのか？〟

と、新たな問いが生まれます。そして、

「係内の仕事分担をめぐって、BやCと言い争ったのがよくなかった。責任者である自分だけが孤立してしまい、一番手のかかる仕事を、結局一人でやるはめになった」

などと書くことになるのです。

このように、書いたことを踏まえて、その不足を補っていくことが書くことであるなら、私たちは延々とこれをつづけることができます。

〝ところで、BやCとは、仕事分担の何をめぐってもめたのだったっけ？〟

〝とうに帰ったはずのBとCが校門のそばにいて、自分を見ていたような気がしたが、あれは何だったのだろう？〟

〝喧嘩したことを、仲間は自分以上に気にしているのだろうか？〟

〝それにしても、よく一人で仕上げられたもんだ。自分は責任感が強いのかな、それとも意地っ張りなんだろうか？〟

このように、書けば書くほど、書くべき事柄は増えていくからです。

言葉をどんなに慎重に組み合わせても、たった一文で物事のすべてを言い尽くすことはできません。「不足」は必ず生じます。そして、「不足」を補う過程で「不足」は再生産され、その新しい「不足」に促されて、私たちはまた何かを書き足していくことになります。書くという行為には、このように即物的なところがあるということです。熱意や情熱がなくても、書くと書けてしまうのが文章なのです。

言葉のおかげで、見えなかったものが見えた瞬間！

ところで、こうしたプロセスを経て書き上げられたものは、あらかじめ書きたかったことではありません。書き継いだことによって導き出されたもの、事後的に発見されたものです。手紙や日記を書きながら、「思いもよらなかったこと」へと話が進んでいくように感じるのは、書くことがこのような、いわば発見の営みであるからです。あらかじめ書きたいことがなくても、書き継ぐことによって書きたいことが見えてくる。もともと、そういう仕組みになっているのです。

いや、「ひらめき」としか言いようのない瞬間が、書く過程にはあるものだ。こう主張する人がいるかもしれません。そういう人は、一番はじめの話を思い出してください。言葉は世界認識の〈窓〉であり、手にした言葉の数に応じて世界の見え方が違ってくるという、あの話です。つまり、「ひらめき」とは、言葉を得たことで見えなかったものが見えるようになったという、ただそれだけのことではないでしょうか。

　日記帳に言葉を書き連ねていく。徐々に世界がクリアになっていく。やがて見えなかったものが思いがけずパッと見える瞬間が来る。それを「ひらめき」と呼ぶならそれでもかまいません。ただし、誤解して欲しくないのは、これは何も特別な出来事ではないということです。

「言葉が天から降りてくる瞬間がある」などと言って、小説家の中には自分の特異性を強調しようとする人がいますが、勘違いというものです。「ひらめき」なるものがあったとしても、それは神の仕業でもなければ、才能の仕業でもありません。必然の結果です。

　書くことによって時折発火するひらめき。これを天才だけの専有物などとは思わないでください。誰でもひらめくようにできているのです。そして誰でも、「文章は書くと書ける」のです。

（4）恋文のカラクリ

その人の人間性を覆《おお》い隠す「活字」の魔力

本がかくも出回り、後進のメディアが容易にそれを凌駕《りょうが》し得ないのはどうしてでしょう。読み手の要求があるからでしょうか。違います。書き手の要求があるからです。では、人はなぜ本を書きたがるのでしょう。

「活字」は、人格や人間性を不問《ふもん》にするからです。

人間は、〈言っていることの中身〉の善し悪しだけでは人を説得できません。〈言っていることの中身〉に、良き〈人間性〉が加わってはじめて人を説得できるのです。へたをすると、〈言っていることの中身〉よりも、〈人間性〉が重視されるのが現実の生活です。

みなさん自身のことを考えてみてください。学生時代、好きな先生の言うことなら、たとえ間違っていてもうなずいたのではないでしょうか。一方、嫌いな先生の場合には、その先生がいくら正しいことを言っても、そっぽを向いたはずです。現実の生活では、何が語られているかではなくて、誰が語っているか。すなわち語り手の〈人間性〉こそが問われるのです。

さて、「活字」の魔力は、この〈人間性〉を見えなくしてしまうところにあります。たとえば、私たちは殺人者や汚職政治家とは直接話をしたいとは思いませんし、彼らが何を言っても信用しないでしょう。しかし、そうとは知らずに彼らの著作を手にし、それに感動する可能性なら大いにあるのです。

そもそも、人柄や人間性で勝負できる人間は、本など書かないのかもしれません。人前で堂々と自己表現ができるなら、それに越したことはないのです。たとえば政治家などは、本来そのような人たちです。いや、他人事《ひとごと》ではありません。教師だって本来そうあるべきです。

一方、本を書く人間はというと、これはちょっと違います。多かれ少なかれ、自分の人柄や人間性に不安を持っている。だから活字という媒体を選ぶ。そんな気がします。別人格に成り済ますことも、人柄のいい人間として振る舞うことも、活字なら可能なのです。

話をわかりやすくするために、もちろん極論を言っているわけです。品性も度量もすぐれた、立派な人物が物書きにはたくさんいますから、そこは誤解はしないでください。本を書く理由だって、本当は無数にあるのです。

とにかく、書くということには、いま言ったような隠れた動機もあるということを押さえてください。自分という人間を信頼してもらわなければ何を言っても聞き入れてもらえないのが現実の生活なら、文章の世界は人間性の問題を省略して、言いたいことだけをポンと提示できる。これが人に筆を執らせる動機になっている、ということです。

ところで、書くことのこうした恩恵にあずかろうとした経験は、みなさんにもあります。おや、身に覚えがありませんか。人間性を抜きにして、言葉だけで相手を説得しようとした経験、あるはずですよ。

そうです。恋文です。人間性を丸出しにして、面と向かって恋心を告白する。これは勇気のいることです。そこで、手紙でもって、気持ちだけを打ち明ける。どうですか。これなら、〈人間性〉に自信がなくても、〈言っていることの中身〉だけで勝負できますから安心ですよね。

書くことの真の怖さ

と、ここまで述べると、書くことはなかなか便利な気がしてきます。しかし、書くことをめぐる話は、そう簡単ではありません。いまから私は、これまでの話とはまったく逆のことを言わなければなりません。書くことは、じつは〈人間性〉を晒《さら》すことだ、ということです。

書くことは発見の営みです。書きながら、人は自分の内奥に潜むまだ見ぬものを発見していきます。ところが、この発見の作業には限界があります。言葉が言葉を導きながら発見はなされますが、そうである以上、発見はその人の言葉の数を越えてはなされないのです。つまり、発見は、その人の身《み》の丈《たけ》（＝その人間のトータル）に応じてなされるばかりで、それ以上にもそれ以下にもなり得ないのです。

この、〈それ以上でもそれ以下でもない自分〉に気づかされ、かつ読者からもそれを見透かされてしまう。書くことには、そういう怖さがあるのです。「書くことは人間性を晒すことだ」と言ったのは、そういうことです。

夏目漱石の小説『夢十夜』に、運慶が仁王像を彫る場面が登場します。主人公の「自分」は巧みな鑿《のみ》使いに感心し、しばし見惚れることになります。ところが、そんな「自分」にむかって、そばにいた若い男がこう言います。

「なに、あれは眉《まみえ》や鼻を鑿で作るんじゃない。あの通りの眉や鼻が木の中に埋《うま》っているのを、鑿と槌の力で掘り出すまでだ。まるで土の中から石を掘り出すようなものだから決して間違うはずはない」（槌……つち）

書くことはこれに似ています。彫りつづけさえすれば、文章はおのずと姿を現します。文章はあるような形で、自分の中にはなから埋まっているものなのです。書けないのではないかと恐れるなら、それは杞憂《きゆう》というものです。

そうではなく、書くことの怖さは、むしろ彫り出されたものを目の当たりにすることにあります。その薄っぺらで矮小《わいしょう》な彫像が日のもとに晒され、果てはそれが自分そのものであると知る苦痛。これこそは書くことの真の怖さです。

だからといって、彫り出されたものに落胆したり、小躍りしたりすることを安易にやってはいけません。この彫像、のちのち彫り直してみれば痩せもするし、肥りもするからです。

第二章　800字を書く

（1）リレー作文を知っていますか？

普通は、書きたいことなんかないのが当たり前

あらかじめ書きたいことがなくても、書き継ぐことによって書きたいことは見えてくる。書くことは発見の営みなのだ――。

前章ではこのようなことを述べました。これはきわめて重大な原理なのですが、実際にはあまり知られていないようです。

たとえば、

「テーマは自由。ただし８００字を時間内に書くこと」

教室で生徒に言うと、

「無理だよ、先生。だって、俺、書きたいことなんかないもん」

こう答える生徒が必ずいます。私はすぐに返します。

「書きたいことなんか、普通、ないのが当たり前だよ」

すると生徒はキョトンとするのです。

彼らは、書くという行為が、すでにあるものを文字化する作業だと思い込んでいるのでしょう。しかし、私は彼らに、自分の思想を論じてもらいたかったわけでも、日頃の鬱憤を吐き出してもらいたかったわけでもありません。すでにあるものに興味はないのです。彼らにしてもらいたかったことは、あてもなく書き継ぎながら、まだ見ぬものを発見してもらうことです。いったいどういうことか。それを理解してもらうために、リレー作文についてお話しします。

これはどういうものかというと、私が出だしの一文を書く。それにつづけて生徒が一文ずつ順番に書き足していく。最後の一文を書いた生徒が題名を付ける。そういう、いわばゲームのようなものです。ただし、絶対厳守のルールがあって、それは次の三つです。

・一文しか書いてはならない。
・人と相談してはならない。
・順番が回ってくるまで、書かれたものを読んではならない。

二〇人の生徒が「たすき」をつないでいく

このリレー作文、ある日の授業ではこんなふうに進みました。

ルール説明を受けた生徒は、まず大きく二つのグループに分けられました。廊下側の二〇人がA班。窓側の二〇人がB班です。次に、廊下側の一番前の子と、窓側の一番前の子は、私から原稿用紙を渡されました。一人は原稿用紙を見るなり「えー、何これ」と漏らし、もう一人は両手で頭を抱えたまま黙り込んでしまいました。

《ささやかな出来事だったが、あの一件がその後の人生を決めることになった》

原稿用紙の冒頭には、私の字でそう書かれてあるのです。

他の生徒は冒頭に何と書かれてあるかわかりません。みな興味津々で二人の様子を眺めています。そこで私は言いました。

「自分の番が回ってくるまでぼーっとしてても時間がもったいないから、ほかの人にはこれをやってもらいます」

何のことはありません。私は全員に漢字のプリントを配ったのです。友人が書き継いだ文章を読み、つづきの一文を書き足す。そういう作業がこのあと控えていますから、待ち時間はなるべく単純作業を課すほうがいいと判断したのです。

このリレー作文、授業時間内に終わればそれに越したことはありませんが、たったの一文がなかなか書けないという生徒もでてきます。案の定、この日も時間内には終わりませんでした。そこで、最終締め切りを放課後とし、漢字プリントだけを回収して授業は閉じました。

その後、私はときどき教室をのぞいてみましたが、休み時間や昼休みを使って、生徒は懸命にたすきをつないでいたようでした。

さて、最後の生徒がやっと職員室に現れたのは、放課後の遅い時間でした。A班の子もB班の子も、

「先生、最後の一文って難しいよ。それに題名も大変だったし」

そうぼやきながら、しかし何だか楽しそうな顔をしていました。彼らは一番大変な仕事をした代わりに、誰よりも先に完成作品を読むことができたのです。

では、このときに出来上がった作品はどんなものだったのか。それをいまから読んでもらいましょう。紹介するのはA班の作品です。男女入り混じった二〇人がたすきをつないで、こんな作品が仕上がりました。

「手のひら」　　埼玉県立和光国際高等学校　二年四組A班

ささやかな出来事だったが、あの一件がその後の人生を決めることになった。中学生になったばかりの春のことだった。僕は、友達に誘われて、野球部に入った。野球部は、きびし

い先生がいることで、おそれられている部活だった。僕は不安だった。入ってから知ったことで、ただでさえ少ない髪の毛をそらなくてはいけないようで、もう二度とはえてこないのではないかと考えると夜はねむれず、三度のめしはのどを通らず、おかげで体重は激減し、野球部どころではなくなってしまった。もやしのような日々が続いた。そんな中、僕はある人に出会う。その人は六〇くらいの老人で、満開だった桜もすっかり葉桜にかわり、ここちよい風があたり一面吹いている、そんな日の昼下がり、一人で公園のベンチに座って考え事をしている時に話しかけられたのがその人との出会いのきっかけである。

「おい、ぼうず野球はしたことがあるか？」と突然ふられた。

「もちろんだよ。これでもうまいんだぜ」と僕はやせ細ったもやしのような体で、誇らしげに言った。まさかあの老人がそんなに有名な人だとは思わなかったから、ついいつもののりで答えてしまった。

「どうだい。わしと今ここでキャッチボールをしてみないかい？」

「いいよ。おじいさんも野球やったことあるの？」

「あるさ。昔は名投手といわれたもんじゃ」と、もやしっ子の僕とは正反対に、自慢気にムキムキっと力こぶを見せてきた。その力こぶを見た瞬間、僕の中で何かがはじけた気がした。

「僕は今までなんて小さなことにこだわっていたのだろう」
そうつぶやく声が聞こえたのか、老人は僕の背中を励ますようにバシッとたたいた。その手のひらは大きく、ボールを投げすぎたせいだろうか、ごつごつとしてとても力強かった。
そして今、僕はプロになるという夢を実現させるための第一歩として、甲子園のマウンドに立っている。ボールは未来に向かって今、僕の手のひらから飛び出していった。

〈完〉

文を練り上げる時間もろくに与えられず、また、はじめての経験だったということもあって、生徒たちは戸惑ったことでしょう。しかし、出来上がった文章を活字に直し、次の授業で配ったところ、彼らからは一様に驚きの声が上がりました。名作が書けたからではありません。まったく〝書く予定のなかった世界〟がそこに開けていたからです。あてもなく書き継ぎながら、まだ見ぬものを発見する。それがどういうことか、彼らははじめて知ったのです。

最初の一文を書き出す勇気さえあればいい

リレー作文。この試みは、イメージとしては、進行方向に背中を向けて、無目的に歩行する感じに似ています。ふつうの歩行は、目標を定めて、進行方向に顔を向けて進むものですから、まったくの逆というわけです。

手がかりはそれまで友人が書き継いできた文章だけであり、テーマも結末もわかりません。来《き》し方《かた》を眺め、足元に注意しながら後ろ向きにおずおずと進むだけ。一見邪道ですが、結果はというと、立派に文章は完成します。というより、これこそは書くという営みの原型ではないかという気がします。

漠《ばく》とした世界をよりよく認識したい。そもそも人が筆を執る背景には、そうした願いがあります。書くことが決まっているなら、筆を執る必要などありません。何らかの欠如感があればこそ書くのです。つまり、書くということに先立って目的を欠いているのは、むしろ当然のことなのです。にもかかわらず、

「書けないよ。だって、書きたいことなんかないもん」

そう言ってしまう人は、じつに多くいます。しかし、必要なのは書きたい中身ではありません。最初の一文を書き出す勇気です。あとは一人でたすきをつないでゆけばいいのです。

そうすれば、まだ見ぬものに必ず出会うことができます。

さて、ここまで述べてきたところで、みなさんからの次のような声が聞こえてきそうです。

〝書きたいことが明確に決まっている場合はどうなのか。純粋に情報の伝達だけを目的とした文章だってあるのではないか〟


書くことは、すでにあるものを再現する作業ではない

たしかに、人が何かを書くときは、たいてい目的や狙いがあるものです。たとえば、厳格な父の思い出を書くのだ、新商品を売り込むための企画書を書くのだ、というふうに。しかし、どうでしょう。こういう場合にも、私たちは書き継ぎながら、まだ見ぬものへと進んでいくのではないでしょうか。

厳格な父を書くつもりでいたのに、いつの間にか弱い父、優しい父を書いてしまう。新商品の目玉をアピールするつもりでいたのに、いつの間にか欠点に目が向いてしまう。こうしたことはよくあるものです。なぜでしょう。書くことは、前の文の縛《しば》りを受けながら進んでいくものだからです。これは対象をよく見つめる、ということでもあります。

厳格な父を書くつもりで、たとえば父の頰にあった傷を書いたとする。するとこんどは、その傷を負ったときの事件について書かなければならなくなる。そしてそのことを正確に書こうとすればするほど（対象をよく見つめようとすればするほど）、事件が父の弱さや優しさから生じたものであることに気づかされてしまう。

つまり、書くということは、対象をあらためて見直す作業なのです。すでにあるものを組み立てたり、再現する作業ではありません。仮にそうしているつもりでも、必ずそこには発見がともなう。だから意味があるのです。

七人で七画の文字を書くという書道

私の好きな書道家、武田双雲《そううん》さんが、「リレー習字」なるものを発案し、お弟子さんの指導法に取り入れているということを、先日テレビで知って驚きました。

これは、一つの文字を、複数の人が一人一画ずつ書いて仕上げていくという書法で、この日は、芸能人七人が集まって〝寿〟という七画の字を仕上げていく様が披露されました。

「前の人が書いたものをよく見て、それとのバランスで次の一画をどう書いたらいいか考える。これがいい練習になるんです」

武田双雲さんはたしかそのようなことをおっしゃっていましたが、〈書〉と〈文章〉の思わぬ符合に、私は大いにうなずかされました。

もうお気づきだと思いますが、リレー作文は「人は絶えず書いたことを振り返りながら書く」ということを極端な形で実践する試みです。前の人が書いたことだけを手がかりに、次の一文を書き加える。ここでは不足に気づいてそれを補う力が求められます。

「前の人が書いたものをよく見て、それとのバランスで次の一画をどう書いたらいいか考える」というのと、まったく同じことが要求されるわけです。

（2）さて、最初の一文をどう書き出すか？

書き出す勇気を邪魔する要因は？

紙に向かったはいいが、最初の一文がどうしても出てこない。こういう経験は誰にでもあると思います。書きたいことはある程度決まっているのに、書き出しでつまずく。拷問でも受けているような気分になって、しまいには書くことが嫌になる。

必要なのは書きたい中身ではない。最初の一文を書き出す勇気だ——。このような威勢のいいことを言いましたが、どうしたらその勇気が持てるのか。やはり、肝心なのはそちらのようです。そこで、アドバイスを一つだけしておきます。

自己愛を捨ててください。

私が日頃接している生徒の中には、作文の課題に対して、一文字も書けないまま五〇分間を過ごすという子が何人もいます。決して国語の能力が低いというわけではないのに、なぜそんなことになるのでしょう。

そうです、彼らは自己愛と葛藤《かっとう》しているのです。もちろん、原因はまちまちでしょう。これまで作文で評価され、さんざん痛い目に遭ってきた。人前でけなされたことさえあった。それとは逆に、作文には自信を持っている。だから、いい加減なものは書きたくないし、書き出しこそは慎重に練り上げたい。そんな子もいるかもしれません。しかし、原因は何であれ、彼らの行く手を大きくふさいでいるのが、自己愛であることに変わりはありません。

その点、「リレー作文」は違いました。書き出しの一文を一方的に押しつけられ、自己愛を捨てたところからスタートします。書くといっても、自分が参画できるのはたった一文においてです。次の人が待っていますから、恐れている暇も、気取っている暇もありません。

では、それでどうだったかと言えば、これが意外とうまくいくのです。

カットしたばかりの自分の髪型をしきりに気にする人がいます。うまくいかなかった、失敗した、と。しかし、本人が思っているほどに、人は他人の髪型など気にしないものです。「書き出しの一文」もそれと同じだと思ってください。自意識をいったん脇に置いて欲しいのです。書き出しは、思いつきでもハッタリでも何でもかまいません。それでうまくいかなかったら、また書き直せばいいのです。

ずいぶん乱暴な話だな、と思った人のためにもう少し補足します。

書き出しが十分に練られたものであるなら、本当はそれに越したことはありません。小説を書こうとする人が、書き出しの一文に何日も費やすことは、それはそれで意味があります。論文だって、書き出し次第では良くも悪くもなるのです。ただ、こうも思うのです。自意識を高くしすぎるあまり、白紙の原稿用紙を前に多くの時間を空費するぐらいなら、最初の一文はいい加減なものであろうと書き出してしまったほうが得策だろうと。ではなぜそう言えるのか。

書きたいと思っている人の大半は、じつは決して書かない人だからです。これはその人が怠慢だと言っているのではありません。書きたい人ほど、書くということの敷居を高く見積もってしまうのです。書き始めさえすれば、じつは問題の九割は解決したも同じなのです。

（3） 書くことに、感性や想像力は必要ない

嘘をつきとおすのも能力

生徒の中には、

「俺、感性がないからだめ。書けないよ」

そう言い切る子がいます。

書けるためには、感性や情緒、想像力などが豊かでなければならない。そう思い込んでいるのです。しかし、それは誤解というものです。感性や情緒、想像力などは事前に必要なものではありません。のちのち養い得ていくものです。では、必要なものは何か。それは論理です。

一学期のある日のこと、一人の女子生徒が、

「先生、体育祭で使う鉢巻きちょうだい」

そう言ってきたことがありました。体育祭は二学期にやる予定です。不思議に思ってわけを尋ねると、女子生徒ははじめ渋っていましたが、やがて私にこんなことを話しました。

昨夜、遅く帰って母に叱られた。そこで、とっさに体育祭の練習をしていたと嘘をついた。

本当はつき合い始めた彼と公園にいたのだが、それは言いたくなかった。ところが、母は、体育祭はいつも二学期ではないかと言ってきた。仕方がないので、文化祭と体育祭が入れ替わって、今年は一学期に体育祭をやるのだと、また嘘をついた。結局、リレーの選手に選ばれたことや、練習中に足がつったことなどを話すはめになり、しまいには母の目の前でふくらはぎを揉んだりした。母はすっかり信じたようだが、今日は念のため、鉢巻きをさりげなく見せるつもりでいる。

私は話を聞いて、思わず笑ってしまいました。そして言ったのです。「君は文章が書ける子だね」と。彼女はキョトンとしていましたが、そうです、書くために必要なものは、論理だと言いました。では、論理とは何かと言ったら、それは事柄と事柄をつなぐ力です。彼女にはその力があったのです。

一つの嘘をつくと、私たちはもう一つ嘘をつくことになります。もう一つ嘘をつくと、またもう一つ嘘をつかなければならなくなります。嘘と嘘のあいだにほころびがあれば嘘はばれますが、ほころびを消し去り、完結した物語に仕上げると、それは人に信じられ、場合によっては人に感動を与えることさえあります。じつは小説家は、それをやる人たちなのです。

何が足りないかを見極める能力

さて、論理についてもう少し述べます。まず問題をやってください。

〔問題二〕次の文の直前にはどんな一文があったと思われるか。予想して書きなさい。

「そのため、僕はもともと出場するはずだった綱引きのほかに、クラス対抗リレーにも急きょ出場することになった」

答えは用意できましたか。前回同様、みなさんの答えを当ててみましょう。まだ書いていない人は、ぜひ書いてみてください。

この問題、もちろん正解などというものはありません。しかし、みながみな同じような答えを書くから不思議です。

・クラス対抗リレーに出場するはずだったA君が、体育祭当日、病気で学校を休んだ。
・クラス対抗リレーに出場するはずだったA君が、体育祭当日の朝、練習していてけがをした。

みなさんの答え、このどちらかに似ていませんでしたか。

すでに述べたとおり、文章は、書いたことを踏まえて書かれます。書いたことの縛りを受けるわけです。したがって、ある文の前後に来る文は、ある程度限定されます。先ほど不思議だと言いましたが、本当は不思議でも何でもないのです。

次の文章を読んでください。


《昨日は一日晴れていた。だからといって、母は料理が得意というわけではない。自分のことに責任を持つべきなのだ。芸術はそんなにヤワなものではない》

さっぱり意味がわかりませんね。書いたことの縛りを受けない形で文を書き足していったのです。では、同じことをみなさんもやってみてください。無関係な文を四つ、口に出して言ってください。

いかがですか。相当に気を遣い、頭を使ったのではないですか。前の文を無視して、それとの関係を断ち切る形で文を書き足していくことなど、通常はあり得ないことです。よって、これはかなり困難な仕事となるのです。

さて、私たちはここで、ある重要な原理に触れることになります。「文と文は隣同士、何らかの関係で結ばれている」という原理です。

うまい書き手というのは、宙《ちゅう》を睨《にら》んだり、言葉が天から降ってくるのをぼんやり待つようなことはしません。彼らは書いたことを睨みます。一行目に書いたこと、それを承けて二行目に書いたこと。それらを睨んで、書き足りないこと（＝不足）を見極めます。そうすれば、次に書かねばならないことは、おのずと決まってくる。そのことを知っているのです。

論理とは、事柄と事柄をつなぐ力だ――。

ここでは、もう一つ別の言い方をしてみます。

不足に対して、それを補おうとする意志の働き――。

それが国語における「論理」です。文章は、この「論理」の導きによって、文が順次書き足されていくことで、成立するのです。先走って言えば、次のようになります。

書き手の論理とは、足りないものを補おうとする意志であり、

読み手の論理とは、足りないものを追い求めようとする意志である。

ところで、先ほどのクラス対抗リレーの問題、次のような答えが出てこないのは、なぜでしょう？

・クラス対抗リレーに出場するはずだったA君が、体育祭前日に突然消息を絶った。

理由は簡単です。私たちは、無意識のうちに〝常識的判断〟を働かせているのです。こうした答えが出てこないのは、「友人が突然消息を絶つ」が、常識外のことだからです。

文章は、常識を踏まえて書かれる。一見何でもないようですが、これも重要な原理です。

（4）「気になる一文」でまかせの文章を書いてみる

文の長短にもよりますが、二〇から二五の文を重ねると、ちょうど８００字の文章が出来上がります。つまり、この分量を書くためには、「二〇人の私」がたすきをつないで「リレー作文」を試みればよいのです。

ということで、いまから実作に挑戦してもらいます。もちろん、やれる人だけで結構です。

矛盾なく前の文と次の文とを結んでいけば、本当にまだ見ぬものと出会えるのか。書くことは本当に発見の営みなのか。ぜひ、試してみてください。

やり方を説明します。字数制限は８００字です。私が書き出しの一文を示しますので、あとはそれに文を加えていってください。小論文、企画書、エッセイと、最終目標はみなさんまちまちだと思いますが、今回は「でまかせの、何でもあり」の文章を綴ってください。ただし、「論理」だけは踏まえてください。文と文のあいだに矛盾がないようにして欲しいのです。それさえ守れば、どんなでたらめを書いてもらってもかまいません。では、始めましょう。

《その日も電車は人で満杯だった。》

これが書き出しの文です。

いかがでしたか。思いがけない世界を発見した人がいたのではないでしょうか。それとは逆に、筆が止まって先へ進めなかったという人がいたかもしれません。その人はきっと真面目な人で、普段から嘘やでまかせの言えない人なのでしょう。

　ところで、筆は進むのだけれど、世界がいっこうに開けていかなかった、かんばしい発見が得られなかった、という人はいませんでしたか。じつは、このケースが一番多かったはずです。

《その日も電車は人で満杯だった。私は電車の隅に陣取ったものの、人いきれがひどく、不快で仕方なかった。身動きが取れないので新聞を読むことも、ハンカチで汗を拭うこともできなかった。腹の前に手を組んだ姿勢で、私はいつものように目を閉じた。が、目を閉じたら閉じたで、こんどは車内に満ちた色々な音が気になりだした。鼻をすする音、咳払いの音、イヤホーンから漏れる音。普段なら気にならないはずの音が、やたらと耳についた。私は結局目を開けた。そして、およそ四〇分。中吊りの広告を睨みながら、その不快な時間に耐えつづけた》

　私が「でたらめ」で作った３００字足らずの文章です。たしかにこれでは発見に乏しいかもしれませんね。目を閉じたとたん、音に神経が向いた。ここにはささやかな発見がありますが、これだけでは物足りない気がします。文と文のあいだに矛盾はないのに、この文章、何が問題なのでしょう。

ふと出た一文に感心させられる

じつは、書くことの本当の問題は、ここから先にあります。そこで、次段からは、いよいよ〈書くことの核心〉に触れる話をしていきます。ただその前に、ヒントとなる話を一つだけしたいと思います。まず、次の文章を読んでください。

ちょっとした出来事

その日も電車は人で満杯だった。私は車内のすみに立っていた。電車がゆれる度に体が前後左右にかたむく。カーブにさしかかったらしく揺れが強くなった時、隣の人の肩に頭が少し強く当たってしまった。

「すみません」と、とっさに言った。

相手の方は、ただ、だまっていた。私はもう一度、「すみません」と言った。その日は暑かった。

私より、年上の方なのに、一言でも、又はうなずいてでもくれればと心で思った。でも、その人の性格もあり、その時のその人の心の状態もあるのだからと思いなおした。人さまざまだなと割り切った。むし暑さが倍増した。ふと隣の無言の男性の動きに気づき見ると、彼の隣の女性と笑顔で手話で話し始めていた。

――もしかして、お仲間の方だったのか――。

楽しそうな手話による会話で、私はホッとした。そして私は、自分の短慮《たんりょ》を恥じた。私は次の駅が気になってきた。あ！、降りなければ、軽く頭を下げつつ開いたドアーに向かった。日暮れ前の、快い風が、私の心をなごませてくれた。

〈完〉

じつはこれ、公開講座の受講生たちがリレー作文によって作り上げた文章です。目的もテーマもないまま「たすき」をつないでいったら、一時間足らずでこんな世界が開けてしまったのです。

しいて言えば、「日暮れ前の」という最後の言葉と、冒頭の「人で満杯だった」は矛盾するかもしれません。日暮れ前の満員電車というものは、ちょっと想像できないからです。しかし、この文章、みごとです。８００字にも満たない、５００字ほどの小文ですが、描き出された世界はじつに豊かです。

ところで、この文章の中で、「気になる一文」はありませんでしたか。

A「カーブにさしかかったらしく揺れが強くなった時、隣の人の肩に頭が少し強く当たってしまった」

B「ふと隣の無言の男性の動きに気づき見ると、彼の隣の女性と笑顔で手話で話し始めていた」

世界を切り開くという点では、この二つの文はそれぞれ功労者的役割を果たしています。話の展開に一役買っているからです。

しかし、私が注目したのは、このどちらでもありません。それは、八人目の受講生が書いた「その日は暑かった」という短い一文です。

先のA、Bの文は、必然的な結果として出てきた文です。Aは、直前の「電車がゆれる度に体が前後左右にかたむく」を読んだ結果、〝かたむく以上は隣の人にぶつかるだろうな〟と連想されて出てきたのです。Bも、何度謝罪しても返事をしない乗客の様子から、〝もしかして耳の不自由な人なのではないか〟と連想されて出てきたのです。

ところが、「その日は暑かった」は違います。これは、まったくふいに出てきた文です。

しかし、どうでしょう。この文は一瞬時間を止め、それまでとは違ったムードを物語空間に持ち込む働きをしていないでしょうか。

「これこそは小説の言葉です」

思わず、私がそう言って感心すると、受講生のあいだからも共感の声が一気に上がりました。

「じつにいいです」

「なんかとぼけてるけど、この一文って、大事ですよね」

「そう言えば、季節や天候について、ここまで誰も書いてないんですよね」

教室は盛り上がり、やがてみんなの視線は、これを書いた五七歳の男性、山中一志さんに集まりました。それが意外だったのでしょうか、山中さんはひたすら照れていらっしゃいました。

しかし、〈書くことの核心〉は、山中さんの文をどう評価するかということの中に隠されています。山中さんの文には、奇をてらったところもなければ、技巧に走ったところもありません。にもかかわらず、輝きを放っています。では、山中さんの文には、ほかの文にない何があったのか。これを詳しく見ていきたいと思います。

(5) なぜ最後まで読んでもらえないのか

読み手は、すぐに退屈してしまう存在

すぐれた文章――。こう言ってしまうと、そんなものは人によって違う、一つになんか決められないという反論が出そうです。そこで、優劣の基準を明確にしておこうと思います。

不足に促され、論理に身をまかせることによって、文章はいくらでも書き連ねることができます。「時折発火するひらめき」も手伝って、書くことはきっと楽しい作業になるでしょう。リレー作文をやった際、あるクラスから、「四〇人でリレー作文を永遠と繰り返せば、大河小説が作れるのではないか。ぜひやってみたい」という声が上がりました。なるほど、四〇人が力を合わせれば、一〇〇枚、二〇〇枚、いや一〇〇〇枚の大作も夢ではないでしょう。

しかし、問題はその先にあります。仮に、一〇〇枚、二〇〇枚の文章が書けたとして、さあ、それを人に読んでもらえるかということです。文章は書くと書けますが、人に最後まで読んでもらえるかとなると、これは別の話になるのです。

・文体が気に入らない。

・テーマや内容がつまらない。
・文章そのものがわかりにくい。

読者は好き勝手言って、読むことを簡単にやめてしまうものだからです。すぐれた文章の最低条件は、したがって読者に最後まで読んでもらえる文章ということになります。逆に、読むのをすぐにやめてしまいたくなるような文章、これがだめな文章です。

では、読者に最後まで読んでもらえるような文章、そういう意味での「すぐれた文章」は、どのようなルールのもとに書かれるのでしょうか。

〔問題三〕読者を最後まで飽きさせないためには、書き手の側にどういう心がけが必要か。思いつくものをいくつでもいいから挙げなさい。

・文体が気に入らない。
・テーマや内容がつまらない。
・文章そのものがわかりにくい。

こうした理由から、読者は読むことをいつでもやめてしまうと言いました。それでは、これらを克服すればいいのでしょうか。

〈読者にいやがられないように、文体を工夫する〉

〈斬新《ざんしん》なテーマ、扇情《せんじょう》的な内容の文章を書く〉

〈難解で独りよがりな表現を避け、誰もが読みやすい文章を目指す〉

というように……。さあ、しかしこれらは、どれも正解ではありません。文体がどんなにはちゃめちゃでも、内容がどんなに平凡でも、文章がどんなに難解でも、読者を最後まで惹《ひ》きつける文章というのはあるものです。先に答えを言いましょう。

一、論理の自然な流れの中に、「淀《よど》み」をこしらえる。
二、読み進めるごとに視界が開け、認識が深まっていくよう、「展開」の工夫をする。

これが答えです。一は〈期待感〉を、二は〈達成感〉を読者に提供する点に注目してください。

次の文章は、井上靖の『帽子』という小説の冒頭です。

私は小学校を郷里伊豆の祖母の許《もと》で過した。父は軍医で、当時聯隊《れんたい》のある地方の小都市を転々としており、子供を自分の手許に置くと、何回も転校させなければならなかったので、そうしたことから私を郷里に置く気になったものらしかった。たとえ田舎の小学校でも、まだ同じ小学校に落着いて通わせた方が教育上いいと考えたのである。
しかし、私は郷里の小学校を卒業しなかった。

文章を途中でカットしましたが、このつづき、読みたいとは思いませんか。最後の文が持つ屈折感。それが、そうさせるのです。

「論理の自然な流れ」に乗って、文章はいくらでも綴ることができます。しかし、読者にとっては、「自然な流れ」は退屈なのです。そこで、流れの途中に「淀み」をこしらえ、次への〈期待感〉を抱かせる。これは技術というより配慮です。

新聞を思い浮かべてください。レイアウトを工夫すれば文章を一カ所にまとめることは簡単にできます。なのに新聞はそれをしない。「淀み」が、もっと言えば「つまずき」がかえって読者に文字を追わせることを、新聞はよく知っているのです。

さて、リレー作文での山中さんの一文には、まずこの要素があったのです。「その日は暑かった」。山中さんは、それまでの自然な流れに退屈し、ぷいとそっぽを向くようにこう綴った。するとどうなったか。文章に風穴が空き、空気がさっと入れ替わりました。結果、読者はもっと読みたいという気になったのです。

話を戻します。この小説のつづきはこうです。

(しかし、私は郷里の小学校を卒業しなかった。)六年生の三学期の初めに祖母が亡くなったので、否応なしに父の任地浜松に赴いて、そこの小学校へはいらなければならなかった。私は小学校の最終学年の学期を両親の許から市内の小学校に通ったのである。

いかがですか。この文章は、みなさんを先ほどとは違った世界に連れていったのではないでしょうか。

・祖母の死は、「私」にとってどれほど悲しいものだったろう。
・長年一緒に学んだ級友との別れだって、辛かったのではないか。
・環境の違う学校で、「私」はうまくやっていけたのだろうか。
・しばらく離れて暮らしていた両親との関係はどうだったのだろう。

　卒業しなかった理由を解き明かしただけでなく、このような新しい地平にみなさんを引っ張り上げたのではないでしょうか。つまり、視界が開け、もう一段高みに立ったような感じを読者に与えるもの、それが文章の展開です。展開すればこそ、読者は読むことに〈充実感〉を覚えるわけです。逆に言うと、いくら読み進めても景色が変わらない、視界が開けない、そういう文章は読者に何の〈充実感〉も与えません。

（6）不足に気づく力

読み手が求める「期待感」と「達成感」

《失敗は恐れるべきものだろうか。人は失敗すればこそ、生きる知恵をそこから得るのではないか。むしろ大いに失敗し、それを次の飛躍へと結びつけることが大切なのだ。実際、人類はこれまで多くの失敗を重ねながら、今日の文明を築き上げてきたのである。
　失敗は恐れてはならない。「転ばぬ先の杖」ということわざがあるが、杖は必要ない。必要なのは、転ばないための努力をすることではなく、失敗から学ぶ努力をすることである》

はじめに、だめな文章を私が即興で作ってみました。どうでしょう、一見もっともらしい文章ですが、魅力がありませんね。きれいごとばかりを並べているからではありませんよ。一本調子で、話に展開がないからです。最初と最後が同じ高さです。見晴らしがちっともよくなっていない。

では、次の文章はどうでしょう。

《失敗は恐れるべきものだろうか。人は失敗すればこそ、生きる知恵をそこから得るのではないか。むしろ大いに失敗し、それを次の飛躍へと結びつけることが大切なのだ。実際、人類はこれまで多くの失敗を重ねながら、今日の文明を築き上げてきたのである。

だが、人生には失敗してはいけない瞬間がただ一度だけある》

このつづきなら読みたいと思ったのではないでしょうか。「だが〜」の文が持つ屈折感は、この文章がここから大きく飛躍することを予感させるからです。展開への予感と言ってもかまいません。いずれにしても、こうした〈期待感〉ののちに、それに見合うだけの〈充実感〉が待ち受けているような文章、それをすぐれた文章と言うのです。
では、ここで問題です。

〔問題四〕先ほどの文章《失敗は恐れるべきもの～失敗してはいけない瞬間がただ一度だけある》のつづきをあなたならどう書くか。二文だけ書き足しなさい。なお、「失敗してはいけない瞬間」について、はっきり書くこと。

失敗は恐れるべきものだろうか。人は失敗すればこそ、生きる知恵をそこから得るのではないか。むしろ大いに失敗し、それを次の飛躍へと結びつけることが大切なのだ。実際、人類はこれまで多くの失敗を重ねながら、今日の文明を築き上げてきたのである。
だが、人生には失敗してはいけない瞬間がただ一度だけある。（　①　）。（　②　）。

すでに書いたことが次の文を導き、その文がまた次の文を導く。文章とはそういう成り立ち方をしていたはずです。宙を睨むのではなく、何を書いたのか、まずはそれを精密に読むことです。そうすれば、足りないものが見えてきて、書くべきことはおのずと決まってきます。

もっとも、この文章はみなさんが書いたものではありません。自分が書いたつもりになって、もう一度読んでみてください。

さて、「だが、人生には～」という最後の文。じつを言うと、文章に屈折を与え、読者を惹きつけようとしただけの、当てずっぽうの文です。これを書いたとき、私自身先のことは何も考えていませんでした。しかし面白いもので、文章は不足を睨むと、書くことは本当に見えてきます。

この文章は失敗の必要を説いています。理由は明快です。失敗は「生きる知恵」をくれるし、「次の飛躍」をもたらすというのです。では、許されない失敗とは何でしょう。不足を睨んでください。そうです。「生きる知恵」や「次の飛躍」が期待できない失敗。そこから何も学べないような失敗です。私は次のようにつづけてみました。

《失敗は恐れるべきものだろうか。人は失敗すればこそ、生きる知恵をそこから得るのではないか。むしろ大いに失敗し、それを次の飛躍へと結びつけることが大切なのだ。実際、人類はこれまで多くの失敗を重ねながら、今日の文明を築き上げてきたのである。

だが、人生には失敗してはいけない瞬間がただ一度だけある。それは死の誘惑にとらわれたときである。そこで死を選択してしまったら、「生きる知恵」も「次の飛躍」も、何もかもが無効になる》

ここで山中さんの文、「その日は暑かった。」にまた戻ります。

「そう言えば、季節や天候について、ここまで誰も書いてないいんですよね」

こういう声が、受講生の中から上がったことはすでに述べました。この言葉、いったい何に感心しているのでしょう。そうです。山中さんは、前の文章をよく読んでいるなあと、そこに感心しているのです。山中さんの文はふいに出てきたように見えますが、本当は、書かれてあることをじっと睨んだ結果として出てきた一文だったのです。

不足に気づく——。何気なく言ってきましたが、簡単なことではありません。なぜなら、気づくためには対象をよく見つめる眼力が必要だからです。

失敗は「生きる知恵」をくれるし、「次の飛躍」をもたらす。では、歓迎されない失敗とは何なのか。それとは逆の失敗ではないか。「生きる知恵」をくれない失敗。「次の飛躍」をもたらさない失敗。具体的にはどんな失敗だろう。この文章の不足は、こうした探求の眼差しがあってはじめて見えてくるものなのです。

（7）文章に不可欠な「展開の妙」

はっとさせられるのは、どんなときか

この段では、すぐれた文章の見本を二つ紹介します。いずれも、注目すべきは「展開」です。その妙味を味わってください。

はじめは、小学六年生の詩です。

働く母ちゃん　　　小椋松子

母ちゃんたちが
学校近くの道路で働いている

静かな学校に
母ちゃんたちが動かすスコップや
いろいろな金物の音が
ザックカチャン　ザックカチャン
と聞こえてくる。

この雨の中を
かっぱに身を包んで
いっしょうけんめい
働いている

私はしせいをまっすぐにして
黒板をにらんだ

（佐藤浩編『子供の深い目』より）

「この雨の中を」というところで、はっとしませんでしたか。道路工事は雨の中でおこなわれていたのですね。ここから第二連になるわけですが、第一連よりも世界は広がったはずです。第一連では、「雨の中」を予期できませんでした。

そして、第三連。私たちはここを読んだ瞬間、はるかな高みに連れて行かれます。別の言い方をすると、目線が〈詩の世界〉から〈自身の内面〉へと一気に引き戻されます。

・小学生だった頃のこと。
・親に嘘をついたときのこと。
・両親の後ろ姿。

こうしたさまざまなことに思い至り、やがて「いまの自分のありさま」を見つめ始めるのです。

文章の論理的必然性を崩すとき、作者の眼力が必要になる

もう一つ例を挙げます。ただし、これは〔問題〕として提示してみましょう。

〔問題五〕次の文章は、『朝日新聞』の「天声人語」から前半部だけを抜粋したものである。このつづきの文を、書き手になったつもりで二文だけ書き足しなさい。

手術件数が一定数に満たないと、保険から病院に支払われる手術代が安くなる。こういう制度が４月から始まっている。手術の腕は、数をこなさなければあがらない。件数の少ない病院は、技術が十分磨かれていないと考えられるから支払いを減らす、という理屈だ。

例えば心臓のバイパス手術は年間１００件が基準とされた。これを満たさない病院は６割にのぼる。病院関係者からは改革への反対論がこぞって出された。理由の一つは「件数を満たそうと不要な手術が行われるようになる」というものだった。患者のためにならないと心配する声は、今も聞かれる。

おそろしいことだ。（　　　　①　　　　）。（　　　　②　　　　）。

次のような文を書いた人が多かったのではないでしょうか。

・病院側の勝手な理由で、しなくてもいい手術を患者はさせられるかもしれない。病院に対する信用がおちている今、さらに信用をくずすことになるだろう。
・患者の命を救うためのはずである手術が、金だけのために行われることになるのだ。これで本当に手術の腕はあがるというのだろうか。
・病院の都合で、健康な体にメスを入れられるかもしれない。これでは日本の医療は信用できなくなる。

じつはこれ、高校生が実際に書いた答えです。三年生のあるクラスでこの問題を出したところ、四十人中三十六名が同じようなものを書きました。ほとんどの生徒が、新しい制度の危うさを指摘したのです。論理と常識を頼りにすれば、当然かもしれません。

しかし、「天声人語」の作者はそう書きませんでした。「論理の自然な流れ」に堰《せき》を作り、流れを急転回させるのです。そして、私たちをもっと本質的な思索へと導きます。作者が実際に書いた文は次のようなものです。

（おそろしいことだ。）制度改革が、ではない。お金のために不要な手術もありうると当たり前のように考える日本の医師たちが、である。

「展開の妙」が求められるというのが文章で、簡単に言うと、それは論理的必然性を崩すことで生まれます。そして必然性を崩すためには、対象をよく見つめる眼力が必要であることに注目してください。

理由の一つは「件数を満たそうと不要な手術が行われるようになる」というものだった。

作者はこの「　」内の言葉を深く見つめたのです。そして決定的な不足をそこに見出し、本質を暴《あば》いていったのです。では、あらためて全文を示します。

手術件数が一定数に満たないと、保険から病院に支払われる手術代が安くなる。こういう制度が４月から始まっている。手術の腕は、数をこなさなければあがらない。件数の少ない病院は、技術が十分磨かれていないと考えられるから支払いを減らす、という理屈だ。

例えば心臓のバイパス手術は年間１００件が基準とされた。これを満たさない病院は６割にのぼる。病院関係者からは改革への反対論がこぞって出された。理由の一つは「件数を満たそうと不要な手術が行われるようになる」というものだった。患者のためにならないと心配する声は、今も聞かれる。

おそろしいことだ。制度改革が、ではない。お金のために不要な手術もありうると当たり前のように考える日本の医師たちが、である。

バイパス手術を年に200例以上執刀する南淵《なぶち》明宏さんは今回の改革を支持する一人だ。脳や心臓などの難しい手術については、安全性を高めるため各県に1カ所程度に集中させるのが望ましいと考える。それが世界の常識だとも話す。

「医療不信とは患者が病院を信用しないことだけれど、より深刻なのは医療者どうしの相互不信ではないか」と南淵さん。専門医がほかの専門医を信用していない。それだけではない。あちこちの病院を訪れてみて、看護師や臨床工学技士らと医師の間に信頼感が欠けていると実感することが少なくないという。

不要な手術への懸念が出るのも医師が医師を信頼していないからにほかならない。患者側としては「医療者よ、しっかりして」と叫びたくなる。

（二〇〇二年一〇月一八日付『朝日新聞』より）


いかがでしょう。読み進むにつれ、視界が広がり、思索が深まっていく。そういう感触が得られたでしょうか。高みにのぼっていくと言い換えてもかまいません。とにかく文章の最初と最後では、私たちの「立ち位置」がまるで違っていたはずです。

（8）８００字書けば、言いたいことは伝わるのです

読み応えのある８００字に必要なこと

原稿用紙で二枚分という、心もとない字数ではあります。

しかし、実際には、新聞の社説やコラムは、８００字前後でもって毎回一つの文章世界を構築します。しかもそれは、読まれるか読まれないかによって社運が決するほどの看板記事ですから、文章はおのずと緊張感に満ちたものになります。簡潔で無駄のない文体。具体的なエピソード。数々の引用文。明晰な論理。およそ魅力的な文章には欠くことのできない要素が、ふんだんに盛り込まれ、一つの宇宙が築かれるのです。

さて、それでも、出来不出来はあるものです。

「今日のコラムは物足りなかったな」

「華やかな引用ばかりが目について、読み応えがなかったな」

では、「物足りない」、「読み応えがない」、これはいったい何によるのでしょうか。もうおわかりだと思いますが、視座の高さがどれだけ変化したかという度合いを、私たちは〈読みの充実〉の尺度に据えているのです。読む前と読んだあとでは、自分の「立ち位置」がまるで違っていた。評論だろうと小説だろうと、そうした経験があってはじめて、私たちは〈読みの充実〉を覚えるのです。

読み進むにつれて、視界が広がり、思索が深まるような文章。

これが文章の理想です。そして800字あれば、その理想を実現することは十分にできます。肝心なことは、言葉を積み重ねることでも、主張を繰り返すことでもないからです。淀みが展開を促し、展開が地平を切り開いていく。書くことの核心は、こうした構造の中にありました。これは簡単に言うと、〈屈折〉と〈飛躍〉が文章には必要だということです。論理に導かれながら、矛盾なく文をつないでいくのが基本には違いありませんが、それだけでは人を魅了する文章は書けません。論理の自然な流れに〈屈折〉を与え、そこからの〈飛躍〉を果たしたときに文章は輝くのです。800字の小論文やエッセイでも、それはまったく同じことです。

では、いったいどうしたら〈屈折〉と〈飛躍〉は実現するのでしょう。読み進めるうちに視座が高くなっていくような文章は、どうしたら書けるのでしょう。

(9)「起承転結」は必要ない

とくに〈起〉や〈結〉を誤解している人が多い

すぐれた文章には展開が欠かせないということをさんざん言ってきました。それを聞いて、「起承転結」という言葉を思い浮かべた人は多いと思います。これは、漢詩の創作心得として用いられた言葉であり、実践例としては次の俗謡(江戸時代の漢学者、頼山陽《らいさんよう》の作とされています)がよく知られています。

大阪本町《ほんまち》　糸屋の娘
姉は十八　妹は二八《にはち》
諸国大名は弓矢で殺す
糸屋の娘は目で殺す

※二八→二×八＝十六のこと。

第一連を承《う》けて第二連は書かれています。ところが、「転」に当たる第三連では話がポンと飛んでしまいます。読み手（聞き手）はおやと思う。そして、第四連。これを読んだ瞬間、一見無関係だった〈一、二連〉と〈三連〉の関係が明らかになり、景色は一変します。これこそは展開の妙というもので、この歌はたしかにその好例になっています。

では、「起承転結」は文章作法にも応用できるのでしょうか。

先に言ってしまうと、あまり有効ではない、というのが私の意見です。たしかに、〈転〉には学ぶべきものがあります。〈転〉は場面を切り替え、ムードを変える働きをしますから、話の展開に欠かせません。しかし、「起承転結」を意識し過ぎると、この言葉そのものにとらわれてしまって書くことが窮屈になります。とくに〈起〉や〈結〉は、これを誤解している人が多いようです。〈起〉にふさわしい事柄、〈結〉にふさわしい事柄があると、錯覚しているようなのです。これは誤りです。

はじめに何を書こうが、書いたものが〈起〉なのであって、それが結論めいたことであってもかまわない。それを起点として、要は話が展開していきさえすればいいのです。起承転結は、読み手があとから認定するもの。それぐらいに思って、書くときには意識しないことです。

なぜ結論を先延ばしにしようとするのか

いま「話が展開していきさえすればいい」と言いました。

それでは、読み進めるうちに視座が高くなっていくような、展開する文章は、どうやったら書けるのでしょう。

名文に学ぶ。たしかに、これに尽きるのかもしれません。すぐれた文章をたくさん読んで、文章の運び、構成、間、呼吸、そういったものを真似てみるのが一番なのでしょう。しかし、ここではあえて違う話をしてみたいと思います。

唐突ですが、まずは文章の実作に挑戦してください。といっても、紙に書く必要はありません。口で言ってみてください。言ってもらう中身は次のようなことです。

昨日、あなた（あなたが女性であると想定して書きます。男性の方は、男性向きに読み替えてください）はある経験をしました。テレビドラマのロケ現場に偶然出くわし、あこがれのスター俳優Aを間近に見たのです。ところが、実物のAは、テレビで見るのとは違って、少しもカッコよくありませんでした。意外と老けて見えたのです。このときに味わった失望感。これを、友人に伝えてください。

目の前に親友のBさんがいるとして、さあ、開口一番何と言いますか。そして、話をどう展開させますか。

・「ねえ、聞いて。Aって全然カッコよくなかった」

自分はこんなふうに切り出すだろうという人、いましたか。

・「ねえ、B子って芸能人に会ったことある?」

こんな切り出し方をするという人も、いたかもしれませんね。

前者は結論から言うタイプ、後者は結論を出し惜しむタイプと言えそうです。しかし、いずれにしても、これらはどちらも〈起〉だということ。ここが肝心です。これを承けて、話が徐々に展開していけばいいわけです。

ところで、話の展開ということを考えたとき、前者と後者ではどちらがうまくいくと思いますか。

〝結論は早く言ってあげるべきだ〟

〝いや、聞く側からすれば、結論を先延ばしにしてもらったほうがいい。そのほうがワクワクするし、話が面白く聞けそうだ〟

言い分は色々あると思いますが、私はあえて次のようなアドバイスをしておきます。「ねえ、聞いて。Aって全然カッコよくなかった」という切り出し方のほうが話の内容が深まるだろう、ということです。

「ねえ、B子って芸能人に会ったことある？」この切り出し方は巧妙です。言いたいことを先延ばしにして、聞き手の興味をあおる手法ですから、聞くほうも話すほうもワクワクします。しかし、このタイプには難点もあります。ゴールが決まってしまっている点です。この場合で言うと、「Aは意外に老けていて、カッコよくなかった」が最終ゴールです。つまり、結論を先延ばしにする手法は、あらかじめ想定している結論をいかに美味しく相手に食べさせるか、そこに焦点を当ててるものなのです。

一方、結論をはじめに言ってしまうとどうなるか――。

話は（文章は）展開することが求められますから、話し手は結論を踏み台にして、新しいこと、発展的なことに、いやでも踏み込んでいかなければならなくなります。よって、話が深まっていく可能性はこちらのほうが高くなるのです。

では、それぞれのタイプごとに、話の展開を私がシミュレーションしてみますので、以下読んでみてください。

【結論を先延ばしにするタイプ】←

「ねえ、B子って芸能人に会ったことある？」

「芸能人かぁ。お相撲さんになら一度会ったことあるけど……、どうして？」

「昨日会っちゃったの。渋谷で」

「えっ！　誰に？　誰に会ったの？」

「誰に会ったと思う？　ヒント。男性俳優」

「えー、わかんない」

「Aよ」

「うっそー。すごーい」

「でも、がっかりしちゃった。全然カッコよくないの」

「どうして？　いま、すごい人気よ」

「意外と老けてたのよ。肌に張りがないっていうか」

【結論をはじめに言ってしまうタイプ】

「ねえ、聞いて。Ａって全然カッコよくなかった」

←

「えっ、会ったの？」

「昨日渋谷に買い物に行ったら、たまたまドラマのロケやってたの」

「ほんとに！」

「意外と老けた感じがしてさ、肌なんかもかさかさしてた」

「でも、若い子に人気なのよ」

「だから、それなりの加工がされてるってことなんじゃない」

「加工？」

「テレビに出演するときは、男でも化粧するって言うじゃない」

「まあ、全国放映されるんだから、肌が汚くちゃね……」

「結局、同じ人間なのよ」

どちらも一一行ぶんのやり取りですが、いかがでしょう。

結論を先延ばしにするタイプでは、予定どおり、〝Aは意外に老けていて、カッコよくなかった〟というメッセージが最後に伝えられて終わっています。

一方、結論をはじめに言ってしまうタイプでは、そこから発展して、最後には意外な結論に到達しています。〝スター俳優といったって、しょせん同じ人間なのだ〟。これは前者の結論に比べたら、多少なりとも深い認識なのではないでしょうか。

たとえば小論文などを書くときに、みなさんはネタ切れを恐れて結論（得意とするネタ）を先延ばしにする手法を取ります。無理をせずに無難なものを、というならこうしたやり方でもかまいませんが、ここ一番というときには、結論（＝得意とするネタ、あるいは自分にとっての最高の思想）を先に書き、果敢に展開を試みるべきです。

そんなことをして、うまく展開していかなかったらどうするのか。深い認識に至らなかったらどうするのか。そう心配する人もいるでしょう。しかし、心配は無用です。なぜなら、みなさんの最高の思想を踏み台にして出てきたものは、それが平凡な思想であっても、もっと言うと間違った思想であっても、読み手は輝かしいものとして受け取るはずだからです。〝冒頭であれだけの思想が述べられていたのだ。結論は一見平凡だけど、これは深い洞察に裏打ちされた究極の結論に違いない〟

読み手は、そんなふうに思うものなのです。これは騙《だま》しのテクニックなどではありません。

では、何なのか。

次の段では、このことについて述べていきます。

(10)壊すということ

作文をとおして「考える」習慣

騙しのテクニックでないなら何なのか――。

文章は、果敢に展開を試みるところにその〝生命〟があるということです。

書くことは、知り得ていることを復元していく作業ではありません。仮にそういう文章があるとしたら、それは書き手にとっても読み手にとってもつまらないものになるはずです。

そうではなくて、世界に少しでも肉薄しようと、言葉が次の言葉を拓《ひら》いていく。その過程にこそ、書くことの核心はあるのです。

「思索を深めよ」とか「より深く考えよ」ということが日常よく言われますが、具体的にはどうすることかみなさん知っていますか。これは〈壊す〉ことです。自分の考えを壊し、その上に別の思想を組み上げる。それをも疑い、また壊すことで、さらに別の思想を組み上げる。「考える」とは、それを繰り返していくことです。

何が言いたいかというと、文章にもこの〈壊す〉という処方が必要だということです。果敢に展開を試みる。これは既存の価値から脱却し、未知の高みへと踏み進むことですが、そのためには自分の依って立つ思想をまず〈壊す〉勇気が、必要なのです。

ある文章に息吹が感じられるとすれば、そこには疑い、壊し、組み上げていくという思索の痕跡が必ず残っているものです。前の「天声人語」の文章を思い出してください。作者は、新しい法律に対する世間の評判を疑い、それを壊すことで、より深い認識へと到達しました。だから、面白かったのです。

と、ここまで述べたところで、私が実際に文章を作ってみたいと思います。一つは最高の思想を結論にもってくるタイプ。もう一つは、最高の思想から出発して、それを壊し、展開を試みるタイプです。

なお、今回選んだ最高の思想は、〝人は人を殺してはならない〟というものです。では、(X)と(Y)二つの文章を読み比べてみてください。

（X）の文章

《悲しみの多くは、喪失による。故郷の喪失、記憶の喪失。関係の喪失。これらに立ち会うとき、我々は深い悲しみに陥るのである。

戦争が悲劇であるゆえんは、それが喪失を、しかも「いのち」の喪失を目指すものだからだ。「いのち」は言葉ではない。血や肉を持った、誰かの子であり親である。

人は人を殺してはならない》

（Y）の文章

《人は人を殺してはならない。

これは正しい。にもかかわらず、有史以来、殺人が絶えないのはなぜだろう。贖罪《しょくざい》が繰り返されるのはなぜだろう。

人は人を殺すことでしか、「正しさ」あるいは「いのち」というものと向き合うことができないのだ。

本当のことを言えば、殺人がゼロになったとき、人類は最も危ない淵に立つのである》

（X）の文章は、「人は人を殺してはならない」という最高の思想を目指して書かれたものです。（Y）は、それをぽんと先に述べてしまった文章です。いかがでしょう。

《「いのち」は言葉ではない。血や肉を持った、誰かの子であり親である》

（X）では、このような、なかなかいいことが言われています。しかし、最高の思想を導くいわゆる前座の役目を果たしているため、「人は人を殺してはならない」の陰に霞《かす》んでしまった感があります。

一方、（Y）はどうでしょう。

《本当のことを言えば、殺人がゼロになったとき、人類は最も危ない淵に立つのである》

これは、本当に「本当のこと」なのでしょうか。暴言だと言われても仕方がない気がします。ただ、不思議なことに、この文には一蹴《いっしゅう》できない何かがあるのもたしかです。なぜでしょう。最高の思想から出発し、それを壊す形でこれが登場したからです。

「人は人を殺してはならない」ということを、重々承知しているのだ。承知したうえで、作者はより深いところのものを汲《く》み上げてきたのだ。読者はそういう読み方をするのです。

書き手は、殺人を奨励しているわけではもちろんないだろう。そうではなくて、人間の深《しん》淵《えん》にあるものを直視しようとしているのだ。読者はそう理解するのです。

映画の名シーンは、「壊す」瞬間でもある

〈壊す〉ことが展開を促す例は、映画のちょっとした会話の中にも見出すことができます。
次の問題は遊び感覚でやってみてください。

〔問題六〕次に示すのは、イタリアのナポリを舞台にした、ある映画の中での、男女のやり取りである。（　Ａ　）で女性が述べたセリフを予想しなさい。

〔会話の場面〕
妻子あるエンジニアと、若いピアニスト。二人は浜辺に浮かぶいかだに、水着姿で体を横たえている。燦々《さんさん》と降る夏の太陽の光を浴びながら、二人とも目をつぶっている。やがて以下のような会話が始まり、このやり取りを経て、二人の友情は一気に恋へと加速していく。

（女）ずっと黙ったままね。
（男）何を話せば？
（女）私を退屈させるような話がいいわ。

（男）どうして？

（女）（　　　　　　　A　　　　　　　）。

展開ということを考えるとき、「私を退屈させるような話がいいわ」は、重要です。許されない恋とはいえ、それが成就しかかっている場面でわざわざこのセリフが吐かれているからです。つまり、このセリフは、それまでのやり取りを壊すことによって〈転〉の役目を果たし、私たちに「？」という〈期待感〉を抱かせるのです。どういうことなのだろうと。

「楽しすぎるの。あなたと一緒にいると」

これが答えです。「あなたのことが、好きです。一緒にいると幸せを感じます」このようなメッセージを、彼女はそんな平凡な言い方では伝えなかったのです。

二人はこのあと、はじめてキスを交わし、海へ飛び込みます。こうして恋は成就していくのです。このやり取りは、どうやら女のほうが仕掛けています。「ずっと黙ったままね」これは「何を話せば？」を誘発するための言葉だったのではないでしょうか。

もう一つ問題を用意しました。こちらも映画の名シーンです。

〔問題七〕男女の次のやり取りを読んで、（　　B　　）に入るセリフを予想しなさい。

〔会話の場面〕

場所は空港。若い男が、恋人との別れを惜しんでいる。女は男の手荷物を持っている。そうやって、女も男との別れを少しでも引き延ばそうとしているように見える。しかし二人はうまい会話が持てずに、先ほどから押し黙ったまま向かい合っている。と、男がやおら次のように切り出す。

(男) たまには、俺のこと思い出してくれよな。
(女) ………。いいえ、思い出さないわ。
(男) ………。
(女) だって、（　　B　　）。

さて、今度は答えられましたか。

「だって、思い出したら辛くなるもの」なんていう答えではありませんよ。これではあまりにも平凡で、〈期待感〉に見合うだけの〈充実感〉を得ることはできません。

「いいえ、思い出さないわ」このセリフには裏がありそうです。

それは何でしょう。答えを言ってしまう前に、ヒントを言いましょう。「思い出す」という行為は、「忘れる」ことが前提だということです。

「たまには、俺のこと思い出してくれよな」と言われた彼女は、「忘れるとでも思っているの？」という不満を一瞬抱いたことに注目してください。だから、「いいえ、思い出さないわ」と、わざと意地悪く答えたのです。では、男はどうなったか。女の言葉を、訣別の言葉と受け止めたのでしょう。「………」と黙り込んでしまいます。さあ、このタイミングです。

このタイミングで彼女は言うのです。

「だって、一時《いっとき》だって忘れることなんかないもの」

これが正解です。

男は、地獄から天国に引き戻されたような心境だったのではないでしょうか。もちろん二人は、このやり取りを経て、固い抱擁を交わすことになります。

こんな言葉をささやかれたら、その人のことをますます好きになってしまいますね。女は、平凡な会話の流れを「壊し」、男の予期をいい意味で裏切ったのです。読み手を惹《ひ》きつけてやまない文章は、相手を夢中にさせる会話術と基本的に同質なのです。

(11) 文学の話法

なぜ、小説は説明を嫌い、詩は明言を避けるのか

「文学」についてちょっとお話しします。ただし、ここでは文学作品という狭義の意味でこの言葉を使います。「若い頃から文学に親しむ」とか、「文学にはじめて感動を覚えた」などと言うときのあの文学です。

哲学、
数学、
科学、
歴史学、
経済学、
社会学……。

と、「学」のつくものには色々ありますが、これらには共通点があります。何事かを明らかにすることを旨とする点です。

ところが、文学は違います。文学は隠すことを旨とします。小説は説明を嫌い、詩は明言を避けるのです。

では、なぜ隠すのでしょう。探して欲しいからです。では、なぜ探して欲しいのでしょう。これについては、私はこう考えています。文学は、押しつけを嫌うのです。

私たちの心を、どこか深い所へと、落とし込んでいくもの——。私は文学をそのようなものとしてとらえていますが、押しつけられた瞬間、私たちはたしかに心をこわばらせてしまいます。そのことを文学は知っているのです。人の心というものは厄介ですから、それを盗みにかかる文学の表現というものは、それ以上に厄介なものになる、というわけです。すなわち、

隠すことで、探すように仕向ける——。

これが文学の話法です。

さて、これまで述べてきた文章一般のルールは、小説にも当然あてはまります。しかし、小説が文学である以上、別の注意も必要になってきます。人称について、視点について、プロットについて、といった技術的なことは措《お》くとして、ここでは大事なことを一つだけ言っ

ておきます。

文学とは隠すものだと言いました。小説においては、書き過ぎを注意しなければならないのです。

足りないものに気づき、その不足を補うことで文章は成立していく。これは小説でも同じです。小説こそはそうやって書かれるべきです。しかし、一方で、不足を不足のままにしておくことが、小説では意図的におこなわれるのです。

私たちの心を、どこか深い所へと、落とし込んでいくもの。

そして、私たちを黙らせるもの――。

文学を定義して、さらにこうつけ加えてみます。では、すぐれた文学を前にしたとき、私たちはどうして黙り込んでしまうのでしょう。文学は多かれ少なかれ、私たちに摑《つか》み得ぬものを残すからです。それにたじろぎ、畏怖するところから文学の感動は生まれるのです。書くと書けるのが文章ですが、小説を書く場合には、やはり次の警句を思い出す必要があります。

書くことの極意は、何を書くかではなく、何を書かないかにある――。

そうは言っても、このあたりの機微を計るのは非常に難しく、書かなければ「書き込みが足りない」と言われ、書けば「余計だ」と言われてしまうのが小説です。そのさじ加減に関しては、やはり名作に学ぶしかないのかもしれません。

そこで、作品を一つ紹介しておきます。井上靖の『あすなろ物語』は、連作の短編集ですが、巻頭の「深い深い雪の中で」が、なにしろ出色です。これだけでもいいですから、読んでみてください。文学の話法がいかなるものか、きっとわかるはずです。

(12) リレー作文がうまくいった理由を考える

冷静な「他人の目」の存在

本章で紹介した二本のリレー作文は、意外によくできていました。テーマも目的も与えられないまま、他人同士がたすきをつないで、よくあれだけのものが書けたと思います。一方、「二〇人の私」がたすきをつなげば800字はすぐに書ける。そう思ってやってみた結果はどうだったでしょう。こちらは逆にうまくいかなかったのではないでしょうか。

矛盾なく文をつないでゆくだけでは、必ずしも満足な文章は書けない。書くことには、

・淀みを作る

・対象をよく見つめる
・果敢に展開を試みる
・考えを壊していく

これらのことが不可欠なのだ――。

そう述べてきました。では、それさえ肝に銘じれば、一人でたすきをつなぐやり方は、こんどこそうまくいくのでしょうか。じつは大きな問題が一つだけ残っています。

はじめに種明かしをしておきます。一見邪道とも思えるリレー作文が意外とうまくいったのは、そこに文章がうまくなるための仕掛けがあったからです。〝書かれたものを冷静に眺めることができる〟という仕掛けです。

自分の顔が見えないように、人は自分の書いたものを客観的に眺めることはできません。いかに漏れや無駄が多いか。いかに読みにくいか。いかに退屈で、発見に乏しいか。自分では気づかないものなのです。ところが、リレー作文では事情が違っていました。たすきを受けた人は、それまで書かれた文章を、きわめて冷静な〈読者の目〉で眺めることができたのです。

「何のひねりもなくて、退屈だな」

「説明不足で、筋がよく追えないな」

「論理が不十分で、説得力に欠けるな」

自分だけで書いたなら見えなかったはずのことが、よく見えたはずなのです。

〝三人寄れば文殊の知恵〟と言う。他人同士でたすきをつなぐほうが発想は豊かになる。だからリレー作文はうまくいったのだ。たしかにそういう側面はあったかもしれません。しかし、リレー作文という装置の最大のメリットは、書いたものを客観視できる点にあります。文章を〈読者の目〉で眺めたからこそ、次にどういう一文を書き足すべきかという判断が、普段よりうまくできたのです。

ついでに言っておきますと、自分の文章を客観視できないのはプロの書き手も同じです。書いたものを一晩寝かせる。何カ月も放置して、忘れた頃にもう一度読み直す。そうやって、彼らも〈読者の目〉を得る工夫をしているのです。また、彼らが編集者という読みのプロからのアドバイスを受けていることは、よく知られたことです。

さて、たすきは一人でつなぐより、他人同士でつなぐほうがかえってうまくいく。その理由はわかりました。

では、リレー作文は、毎回うまくいくかというと、必ずしもそういうわけではありません。

厳しい言い方ですが、たすきをつなぐメンバーの中に、文章の読めない人が一定数以上いると、これはきっと失敗します。文章を客観視する。冷静に眺める。〈読者の目〉を持つ。こういうことを言ってきましたが、読むことに習熟していない人には、それができません。結果、とんちんかんな一文を書き足すことになるのです。少数ならいいのですが、そういう人が多くいると、ほかの人がフォローしきれなくなって、文章は必ず破綻《はたん》します。

「書くこと」を目指す本でありながら、本書が後半で「読むこと」にも字数を割いている理由はここにあります。〈書くことの仕組み〉や〈書くことの核心〉をいくら理解しても、読めなければ書けないのです。プロの書き手だって自分の文章を客観視できないと言いました。これは一〇〇パーセントは無理だという話であって、当然のことながらすぐれた書き手であればあるほど、自分の文章を冷静に眺めることができます。彼らはすぐれた書き手である以前に、すぐれた読み手なのです。

では、文章はどう読めばいいのでしょう。そもそも読み方に正当な方法などあるのでしょうか。ということで、次章からはいよいよ読むことについて見ていきます。地球をよく知るために、地球を離れて月に立つということをやってみようと思うのです。

第三章　言葉をどう自分のものにするか

（1）言葉を実感する

手持ちの経験をもとにして、頭に映像を描いてみる

言葉は突き詰めれば、音であり、記号です。実体がないだけに、これを自分の中にうまく取り入れることができない人が出てきます。言葉とは、どうつき合っていけばいいのでしょうか。

〔問題八〕次の文章を読んで、よく理解しなさい。

システム論的な視点からすれば、規範は、個人が対応すべき世界や状況の複雑性と自分の行動の選択可能性を縮減し、行動の予期を確実にし、安定させる機能をもっていると考えることができる。

（『事典哲学の木』所収・内田隆三氏の文章より）

（注）○システム論＝制度や秩序が存続するメカニズムを解明しようとする論考。

よく理解せよ、とはずいぶん乱暴な問題だと思ったかもしれませんが、この問題が求めているのは、次のようなことです。

〝概念を表す言葉〟というのは、手持ちの経験を利用することで、かなりの程度実感することができる――。

たとえば、小説の冒頭に「昭和一九年」とあったとします。この時代を直接知らない人は、手持ちの経験を利用するのです。母が生まれた年のちょうど○○年前だなとか、日本が敗戦を迎えた前年だなとか、既知の知識や経験に引き寄せて言葉を実感するのです。

評論文を読んでいた。「芸術」とあった。でも自分は芸術の何たるかをよく理解していない。そういう場合には、ピカソの絵を思い出すのです。それさえ見たことがないなら、美術の先生を思い出してはどうでしょう。芸術に多く触れてきた人が、どういう風貌をし、どういうものの言い方をするか思い出してみるのです。そうすれば、言葉はぐっと自分のほうに近づいてきます。

これは言い換えれば、頭に映像を描いてみる、ということです。「昭和一九年」も「芸術」

も概念を表しているだけで、実体はありません。触ることができないのです。そこで、戦争の映像や美術の先生の顔をそこに添えみる。じつはこれ、みなさんがすでにやっていることですが、それをもっと意識的にやって欲しいのです。

さて、話をいったん元に戻して、基本的なことを確認してみます。

文中の「規範は」が主語だとすれば、述語に当たるのはどの言葉でしょう。主述の関係を明らかにしてください。

「規範は、～を縮減し、～を確実にし、安定させる機能をもっている」

そうです。こういう構造ですね。いえ、いいのです、こんなことも考えずに読んでいたという人に向けて、念のため聞いてみただけです。息の長い文を読む際には、主述を押さえる習慣をつけてください。もちろん、まじめに文法を論じたら、この文、そう簡単ではありません。「考えることができる。」の主語は何か、これは複文ではないのかと、色々考えることは出てきます。しかし、そこまでやる必要はありません「規範」がどうだというのか。それさえ押さえれば十分です。

では、問題を考えていきましょう。

作者ははじめに、規範とは次の二つを縮減することだと述べています。

Ａ「個人が対応すべき世界や状況の複雑性」
Ｂ「自分の行動の選択可能性」

これ、一読してわかりますか。わかりませんね。こういう概念的な言い回しは、どうやったら理解できるか。それをいまから実演しますので、しばらくおつき合いください。

もちろん、「手持ちの経験」を利用するわけですが、みなさんに共通の経験といったら学校生活です。誰もが一度は経験しているはずですから、これを利用することにします。

まず、Ａ「個人が対応すべき世界や状況の複雑性」です。これを学校生活にあてはめて読み替えてください。

〝学校生活を送る私たちは、個人だ。その個人である私たちが対応しなければならない学校世界、学校状況は複雑である。〟

こんなふうになりますね。このとき大事なのは、同時に「映像」も思い浮かべるということです。千人近い生徒と五〇人前後の先生方が一斉に動いている様子を俯瞰《ふかん》するのです。どうでしょう。学校という世界は、そうやって眺めてみればたしかに複雑ですね。人の動きも複雑だし、学校の運営システムだって複雑なはずです。

さて、その複雑性を縮減するのが規範だというのです。学校にそういう規範はあるでしょうか。たとえば、人の動きの複雑性、これを緩和するための規範とは何でしょう。どの学校にもある「日課表」。あれをひとつの規範と考えれば、なるほど、あれによって複雑性はずいぶん緩和されているのではないでしょうか。

次に、B「自分の行動の選択可能性」ですが、これを縮減するとはどういうことでしょう。〝校則という規範のおかげで、たしかに行動の選択が限られてしまってるよな〟そう考えた人は、あわてないでください。

システム論的な視点からすれば、規範は、個人が対応すべき世界や状況の複雑性と自分の行動の選択可能性を縮減し、行動の予期を確実にし、安定させる機能をもっていると考えることができる。

「自分の行動の選択可能性を縮減し、」のあとの波線部をよく読んでください。選択可能性を縮減させることが、行動の予期を確実で安定したものにしてくれると言っています。規範をマイナスのイメージでとらえるなら、誤りです。そうではなくて、行動の幅を狭めることでかえって「行動の予期」を確実で安定したものにしてくれるのが規範だと、プラスのイメージで考えるのです。どうでしょう。そういう規範を見つけることはできましたか。

たとえば、登校時には制服の着用が、体育時には体操着の着用が義務づけられていますが、そういう決まりがなかったらどうなるでしょう。毎朝何を着ていこうか、今日は体育をどんな服装でやろうかと、とるべき行動をその都度考えなければならないのではないでしょうか。ところが、実際には朝起きれば寝ぼけていようと制服に袖を通すし、体育の時間になれば黙っていてもみな体操着に着替えます。なるほど、決まり（規範）があるからですね。規範は行動の予期と安定に一役買っていると、たしかに言えそうです。

念のために補足しておきますが、規範が持つこれらの機能は、「システム論的な観点」から見たときに確認されるというのです。

○システム論＝制度や秩序が存続するメカニズムを解明しようとする論考。

つまり、規範が存続するのは、規範がいま見てきたような機能を備えているからだというわけです。

ここでもう一度この文を読んでみてください。「手持ちの経験」に引き寄せ、「映像」を描いたぶん、この概念的な言い回しの文がだいぶわかりやすくなっているはずです。

システム論的な視点からすれば、規範は、個人が対応すべき世界や状況の複雑性と自分の行動の選択可能性を縮減し、行動の予期を確実にし、安定させる機能をもっていると考えることができる。

いかがでしょうか。言うまでもなく、この手持ちの経験に引き寄せるというやり方は、〝概念を表す言葉〟だけに有効で、〝事物を表す言葉〟の場合にはうまくいきません。たとえば、「ハイハットを踏む」とあっても、「ハイハット」を見聞きしたことがなければ、手持ちの経験を利用することも、映像を描くこともできないのです。ちなみに、「ハイハット」とはドラムセットの中に含まれている楽器の一つです。小型のシンバルをスタンドに二枚、水平に取り付けて、ペダルを踏んで音を出すあれです。

〝事物を表す言葉〟は、どうしても見聞きが必要です。では、世界中のすべての事物を見たり触ったりできるかといったら、それはできません。どうすればいいのでしょう。「見聞き」と言いました。見ることができないなら、聞くのです。間接経験――。そうです。本を読んでみてはどうでしょう。

もちろん未知の用語があれば、辞書で調べる。これは最低限必要なことですが、その手間さえ惜しまなければ、読書をとおして私たちは世界中のあらゆるものに触れることができます。エベレストに登ったことがなくたって、私たちはその峻険な岩肌を感じることができますし、ドラムを叩くことだってできます。本でなくても、映画でも、あるいは人づてにだって、私たちは事物に触れることができるのです。

(2) 具体と抽象

文章は、具体と抽象のあいだを行き来する

抽象とは、個々の具体物の微妙な差異には目をつぶって、大まかな共通点だけを拾い上げ、それを一つの言葉に集約させることです。

たとえば、ノートと雲と片栗粉の色はそれぞれ微妙に違うはずですが、それを私たちは「白色」と抽象します。また、一匹一匹異なるはずのワンちゃんをつかまえて「犬」と抽象します。抽象化する対象は、目に見えるものばかりではありません。母に対する思いと、恋

人に対する思いは違っても、私たちはそれを一緒くたに「愛」と抽象するのです。

先ほど「一つの言葉に集約させる」と述べましたが、言葉こそは、ものごとを抽象化するための器です。言葉はすべて、抽象性を備えているのです。

そのことを承知のうえで、文章を「具体的記述」と「抽象的記述」に分ける考え方を示します。前段で触れた「事物を表す言葉」、「概念を表す言葉」というのとは別の考え方です。

まず、次の文章を読んでください。


《期末考査の初日、消しゴムを忘れた。それを知ったAは、自分の消しゴムを半分にちぎって二つにすると、その一つを僕にくれた。友情とはありがたいものだと思った》

最初の二文と最後の一文では、おもむきが違うことに気づいたでしょうか。最初の二文が「具体的記述」、最後の一文が「抽象的記述」です。具体的な話をしたあとに、書き手は人と共有できるような意味をそこから引き出しています。引き出したものが抽象です（「抽」の字は「ひく」と読みます）。

さて、文章を読んでいて、個人的な体験など、いわゆる具体的記述がつづけば、そのあとには抽象的記述が必ず待ち受けていると思ってください。消しゴムの話を「友情とはありがたい」という抽象的記述によってまとめたのがそれです。

一方、「芸術は暴力だ」という書き出しの文章があったとします。これは明らかに抽象的記述です。しかも、意味がよくわかりません。こういう場合、書き手はこのあとに必ず具体的記述を用意します。

では、どうしてこういうことになるのか。理由は簡単です。具体論も抽象論も、それ一つだけでは説得力に欠けるからです。

具体的な出来事ばかりを綴っていては、結局何が言いたいのか見えてこない。同じように、抽象的なもの言いばかりしていては、具体的な事柄が見えてこないのです。結果、具体と抽象は交互に現れることになります。別の言い方をすると、人間の思考は具体と抽象のあいだを行き来しながら進む、ということになります。

次に挙げるのは、高村薫さんの小説『みかん』の一部です。

泰三自身はもう覚えていないが、還暦を迎えたころに、人生は家のようなものだと思いついたことがあり、そのころ付けていた日記にもそう書きつけていた。家には無数の扉や窓があり、生まれたと同時に一つ一つ開き始める。そしていい加減年を取ると、今度は一つ一つ閉めていく作業が始まるのだ、と。

（日本推理作家協会編『推理作家になりたくて第三巻　迷』より）

一見、具体的な事柄が書かれていますが、これだけでは何を言っているのかわかりません。〈人生は、「家」だ〉。「泰三」はたしかにそう感じたことがあったようですが、人生の何が「家」だというのでしょう。単語一つひとつはどれも具体物を表しますが、それらが組み合わさって出来上がった表現は、抽象的と言わざるを得ません。そこで待つのです。具体的な記述をです。小説のつづきはこうです。

齢《よわい》六十でそんなことを考えたのはただ、定年の前から遠くなり始めた耳のせいだったが、泰三はついに今日まで補聴器なるものを試してみようとはせず、その後、自然のままに物音の扉が閉まるに任せたのだった。

昔から親しんだ読書の扉もいつの間にか閉じ、好きでよく登っていた山にも、気がついたときには足が向かなくなっていた。近ごろは新聞もすみずみまで読むことはない。

なるほど、人生はたしかに家にたとえることができる。そう思うことができたでしょうか。人間は生まれると同時に外界への働きかけを始め、老いとともにこんどはそうした働きかけをやめていくというのですね。外界の音に耳を澄まし、やがて本や新聞を読むようになり、興味に応じて山に登ったりもする。そうやって一つひとつ開いていった人生の扉を、逆に一つひとつ閉じていきながら人間は老い、やがて死んでいく。人の一生をそのようにとらえるなら、〈人生は、「家」だ〉とたしかに言えそうです。

「小説は具体的」というのは、本当か

ところで、小説と評論は、それぞれ具体と抽象のいずれを重視すると思いますか。難しくありませんね。そうです、

小説は具体を重視し、

評論は抽象を重視する――。

ただし、注意してください。小説は具体的描写を大事にしますが、それはものごとを抽象化（一般化）するためです。つまり、具体的な出来事をとおして、誰の心にも響くような、

いわば〝抽象化された真実〟が語られなければ、小説とは言えないのです。

垂乳根《たらちね》の母が釣りたる青蚊帳《あおがや》をすがしといねつたるみたれども

（注）○青蚊帳＝蚊よけのための、麻や木綿でできたテント式の幕。部屋の四方の柱に結わえつけて、布団全体を上から覆うように取り付ける。
○いねつ＝寝《い》ねつ

短歌を例に挙げましたが、同じことです。具体を描きながら、人間の真実が抽象されています。

念のため解説を加えておきますと、これは長塚節《たかし》（明治期の歌人、小説家）という人の歌です。「垂乳根の」は、「母」を導くための枕詞ですから、意味を持たせなくて結構です。母が釣ってくれた青蚊帳を清々《すがすが》しいと思いながら、作者は布団の上に横になっている。そういう歌です。ところで、最後の「たるみたれども」とはどういうことでしょう。「たるんではいるけれども」ということですが、どうして蚊帳はたるんでいるのでしょう。

母親が歳を取ったのです。作者は久しぶりに故郷に帰ってきた。夜になり、床に就こうとすると、寝床には蚊帳が釣ってあった。蚊に刺されないようにと、母が釣ってくれたのです。それに包まれて、作者は子どもの頃と変わらない親の愛情を感じたことでしょう。ところが、変わった点が一つあることに作者は気づきます。蚊帳のたるみです。もう若い頃の母ではないことを知って、作者ははっとしたのではないでしょうか。背中の曲がった、ひと回り小さくなった母。その母が釣ってくれた蚊帳の中で、作者は頬を濡らしたのではないでしょうか。「すがし」とありますが、そう感じられるまでには、しんみりとした時間があったはずです。

さて、一方、評論はどうでしょうか。たしかに、抽象的な表現が多いのが評論であり、読みにくい原因はその抽象性の高さにあります。しかし、抽象的な表現の背景には何があるのかといったら、これは個々の具体的な出来事です。個別的な社会現象や社会問題がまずあって、そこから書き手は何ごとかを抽象したのです。よって、抽象的な表現の裏側に具体的な事柄が透けて見えるような評論でなければ、それはだめな評論ということになります。

具体を描きながら抽象に迫る、これが小説なら、
抽象を描きながら具体に迫る、これが評論である――。
おおよその目安として、このように言えるのです。

（3）「ニュートラルな場」としての読み書き

難解な小説と、安直な小説

批評理論が花盛りの昨今、アカデミズムは、読み書きをより高次な営みに押し上げようとしているかに見えます。読みには創造性が絶えず求められ、一方で破天荒《はてんこう》な書き手が過大な評価を得るのはそのためでしょう。文壇の一部にもそうした傾向を支持する向きはあるようで、読み書きは一般の人の理解を越えたところで、ひたすら高度化を強いられています。

これとは反対に、読み書きをもっと安直にとらえる世界もあります。インターネットや携帯電話の世界です。書いたり読んだりすることを、これだけ多くの人間が毎日やる。好き勝手にやる。こんなことはかつて一度もなかったことでした。

さて、私は高校教育の現場に身を置く者として、読み書きがますます奇矯《ききょう》の度合いを増していく現状に少なからず不安を持っています。いえ、読み書きは自由であってかまいません。アカデミズムや文壇の立場も、ネット社会の立場も、良い悪いの問題として簡単に語ることができないのは承知しています。ただ、読み書きをもっと〈ニュートラルな場〉につなぎ止める仕事も、どこかでは必要だろうということです。

太宰治の『葉』という小説に、次のような一節があります。

> 兄はこう言った。「小説を、くだらないとは思わぬ。おれには、ただ少しまだるっこいだけである。たった一行の真実を言いたいばかりに百頁の雰囲気をこしらえている」私は言い憎そうに、考え考えしながら答えた。「ほんとうに、言葉は短いほどよい。それだけで、信じさせることができるならば」
>
> （太宰治『晩年』より。ただし傍点は著者）

一文ですべてを言い尽くすことができない以上、私たちは言葉を加えます。それでも足りなければまた加えます。短いに越したことはありませんが、それだけでは「信じさせること」ができない。だから、また文を書き足す。これが書くということです。一方、読むということは、これとはちょうど逆の作業です。不足を、書き手がどういう手順で補っていったか。それを追体験するのが読むということです。先ほど〈ニュートラルな場〉と言いましたが、私は読み書きのこうした〝基本操作〟を、もう一度見つめ直したいのです。

読み書きは、〈アカデミズムや文壇が背負うもの〉と〈ネット社会が背負うもの〉というふうに、今後ますます二極化していくことでしょう。しかし、〝凝った作りのチャーハン〟や〝手軽なお茶漬け〟も結構ですが、〝白米そのもの〟のガッチリとしたうまさは、知っておくべきなのです。

第四章　「書ける」ようになるための読み方

（1）読めない人の「読み方」

読むにも、衝動が必要だ

イチロー選手は打席に入ると、右手でバットを垂直に持ち、それを投手の方に突き出してから、左手で右肩のユニホームをつまみ上げる仕草をします。イチロー選手に限らず、打者の多くは打撃の直前に独自の儀式をおこないます。それによって集中力を高めるのでしょう。一種のまじないと言っていいかもしれません。

ところで、読むという行為に先立って何か儀式をする人、みなさんの中にいますか。ばかな、たかが文章を読むのにどうして……ほとんどの人がそう思ったはずです。しかし、集中力を高めるための何らかの工夫は、読むときにだって必要なのではないでしょうか。寝不足であったり、食後すぐであったりすれば、活字は満足に追えません。読むに先立って、体調を整えておく。一見読みとは無関係ですが、これは大事な配慮です。イチロー選手だって、技術以前の問題として、肉体の調整には最大限の注意を払っているのです。

体調のほかに、空間的環境や時間的環境というものがあります。たとえば定期考査。教室の中、級友の真剣な姿を横目に、五〇分という制限時間の中で文章を読んだときのことを思い出してみてください。集中力は俄然高まったはずです。ところが、試験当日には学校を休んでしまい、後日追試験をすることになった。するとどうなるか。おそらく、集中力は持続せず、点数も確実に落ちます。追試験というのはたいがい居残りでやらされますから、同じ五〇分でも散漫な五〇分になります。級友のがんばる姿も目に入りません。さっさと終えて家に帰ろうと、そんなふうになってしまうのです。

では、体調が整い、空間的、時間的環境も整ったとしたら、読みは充実するのでしょうか。答えはNOです。なぜなら〈読みの衝動〉についての問題がまだ抜けているからです。

たとえば教科書の文章というものは、学校の先生から強制的に読まされるものです。しかも教科書は無料で手に入れている感覚さえある。そんな文章を前にして、読みたいという欲求はどこまで膨らむでしょうか。

自分で買った文庫本。これだって大差はありません。一時間かけて選んだ本を、さあ家に持ち帰ったはいいが、結局数ページだけ読んで放り出してしまった。こういう経験はあるのではないでしょうか。

読みの名手がいるとすれば、それは〈読みの衝動〉の高め方を知っている人たちです。この人たちは、文庫本を前にしても、教科書や新聞記事を前にしても、同様にワクワクします。

いったん読み始めれば、その集中力たるや大変なものです。どうしてそうなるのでしょう？ じつは、誰にでもすぐできるまじないが、一つだけあります。それは、読まないことです。文章を前にして、それをすんなり自分に読ませてしまわないことです。

本を一晩、いや一週間寝かせてみる。読みたいと思ったときに、あえて読まないでおく。もっと言うと、冒頭の一文だけ読んで、あとはいじいじと数日を過ごす。ばかげていると思うかもしれませんが、そうすることで〈読みの衝動〉は確実に高まります。

手元に高校の「現代文」の教科書がありますから、試しにやってみましょうか。冒頭の一文だけ書き写してみます。

ミロのヴィーナスを眺めながら、彼女がこんなにも魅惑的であるためには、両腕を失っていなければならなかったのだと、ぼくはふとふしぎな思いにとらわれたことがある。

こんなのもあります。

人間に本能的恐怖なるものが存在するかどうかは知らないが、人間が感じる恐怖のほとんどは自我にかかわるものである。

どちらも、みなさんに敬遠されてきた教科書の、しかも評論文の書き出しです。いかがでしょう。これだけしか与えられないことが、かえって欲求を刺激するのではないでしょうか。ああ、つづきを読んでみたい。そう思ったはずです。

では、通常の読書において、何日も読まないということができるでしょうか。あるいは、受験生が試験当日に入試問題を読まないということができるでしょうか。できませんね。そうです。読みの名手は、一晩や数日かけてやることを瞬時におこなうのです。何が書いてあるのだろう。書き出しの文はどうなっているのだろう。ああ、早く読みたい。心がそうやってざわめくまでにふつう一晩かかるとすれば、読みの名手はそれを一瞬のうちにやってしまうのです。では、なぜそんなことができるのか。

彼らは文章の読み方というものをよく心得ていて、これまでさんざんいい思いをしてきたのです。だから文章を前にしたとたん条件反射的に〈読みの衝動〉が高まるのです。粗末な読み方ばかりしてきて、あるいは粗末な文章ばかり読んできて、読書に意義を見出せなくなってしまった人はたくさんいます。彼らは、ちょうどその逆なのです。

それともう一つ。〈読みの衝動〉は、事前に高めておくだけではだめだということも、言っておきます。その気になって読み進めたはいいが、途中で衝動が萎《な》えていく人はいくらでもいます。文章が粗末というわけではないのに、この手の先細り現象が起こるのはどうしてでしょう。

読み方がまずいのです。では、どう読めばいいのか。それを探るのが本章のテーマということになります。

個々の文を頭に放り込んで、読んだことにしてしまう

《昨日は一週間ぶりに晴れた。僕は友人と一日中外で遊び回った。夜になって発熱した》

何が書かれてありましたか。いや、ずばり聞きましょう。「僕」が「一日中外で遊び回った」のはなぜですか。

〝昨日は待ちに待った晴れの日だったから、うれしくて遊んでしまったわけでしょ?〟

たとえばこんなふうにすぐに答えられた人は、読めた人です。言われてなるほどと思った

さて、〈　　X　　〉にはどんな言葉が入ると思いますか。

「題名」
「主題」

そんな声が聞こえてきそうです。が、違います。「題名」はもちろん「読み取ったこと」と密接に関係しています。しかし、「題名」は気づくものというより、道しるべとして先にあるものです。

一方、「主題」は「読み取ったこと」に内在するものであって、いわば「読み取ったこと」そのものです。「読み取ったこと」と「主題」の関係に気づくという言い方自体が不自然です。

では、「読み取ったこと」と何の関係に気づいたときに、読みは完結するのでしょう。

「現実」
「現代」
「実生活」

どれもいい答えだと思います。

しかし、私はあえてここに「自分」という言葉を入れたいと思います。

読み取ったことと「自分」との関係に気づくこと――。

詩も小説も評論も、読んで終わりではありません。読んだことによって得た感慨が、何によるのか。自分の中で何がどう変化したのか。こうしたことをじっくり考えてみることです。あるいは、読んだことによって知り得たことは、自分の生活にどう関わっていて、どう活かしていけるのか。新しく芽生えた問題意識に導かれながら、わが身を振り返ってみることです。

〝何の感慨も生まれない〟

〝何の問題意識も芽生えない〟

こういうことがあるかもしれません。しかし、これだって「気づき」の一つです。感じない自分。問題意識の芽生えない自分。そんな自分を知って、人は何事かを摑んでいくのです。

読書とは、「他人の心」や「他人の考え」に触れることと思われがちですが、じつは「自己」に触れる行為です。新しい自己を知ってはじめて、私たちは世界の認識をより深くしていくのです。

（3）国語という教科への誤解

「国語の答えは一つではない」は、正しいか

「国語の答えは一つではない」

「文章は人によってどんな読まれ方をされてもかまわない」

どちらもよく耳にします。そして、同じことを言っているようです。しかし、後者は正しいですが、前者は誤りです。

――言葉と言葉（文と文）の関係に気づくこと。

――読み取ったことと自分との関係に気づくこと。

この二つを成し終えてはじめて、読みは完結すると言いました。ところで、どうでしょう。「読み取ったことと自分との関係」は、人の数だけ存在するのではないでしょうか。同じものを読んでも、そこから得る感慨は人によってまちまちです。つまり、この意味においては、

「文章は人によってどんな読まれ方をされてもかまわない」というのは正しいのです。文章と自分との関係が個別的である以上、文章からは色々な意味が自由に引き出されて当然なのです。

一方、「国語の答えは一つではない」、これはどういうことを言っているのでしょう。文章には、メッセージが託されているはずです。言葉と言葉、文と文が組み合わさって、特定のメッセージを伝えようとする。文章とはそういうものです。

そのメッセージは何通りにも読める。読みに制限はないとでも言うのでしょうか。考えてみてください。言葉は選び抜かれ、構成や展開にも工夫の施された文章が幾通りにも読める。そんなことがあるでしょうか。二流の書き手が書いたものなら別ですが、そういうことはまずありません。もちろん、書き込みが不足していて解釈が分かれる、ということはあるでしょう。故意にそれを狙う小説だってなくはありません。しかし、あくまでも例外です。

正確に読んだのちに、それをどう自分と関係づけてもかまいません。どのような意味づけをしてもかまいません。しかし、文章の読み取りそのものがいい加減であるなら論外です。「読み取り」と「意味づけ」は別なのです。

文章の解釈（＝読み取り）は、言葉と言葉の関係を探ることで一つに決めることができます。そして、この「一つ」に迫ろうとするのが、「国語の答えを導く」ということなのです。

自己流の読みが、なぜいけないか

「文章は人によってどんな読まれ方をされてもかまわない」が意図したことを、「国語の答えは一つではない」というふうに理解してしまった人が、じつは意外に多いのです。では、誤解はなぜ生じたのでしょう。

「国語に正解はないんだから、積極的に意見を言いましょう」。教室での議論を活発にするために、国語教師がこう口走ることはあるかもしれません。しかし、言った教師本人が、試験ではちゃんと○×をつけるのです。「国語に正解はない」を、生徒だって個々のレベルでは信用していないはずです。ところが、全体にはそうした考えが空気のように蔓延《まんえん》しています。

言いにくいことですが、この誤解はジャーナリズムと、それに乗っかった一部の作家が生み出したものだと私は思っています。

「自分の文章が入試問題に使われ、さっそく解いてみたが三〇点しか取れなかった」そう言って、ある作家が入試問題の不当性をジャーナリズムの片棒を担ぐ形でうったえていたことがありました。じつに滑稽な話です。

読むということは、「言葉と言葉の関係に気づくこと」だと言いました。これは「表現が意図したこと」を読み取るということです。「作者が意図したこと」ではありません（もっとも、すぐれた書き手の場合には、「表現が意図したこと」と「作者が意図したこと」は限りなくイコールに近づくものですが）。

さて、件《くだん》の作家は、その入試問題を「自分の意図したこと」に引き寄せて解いたのではないでしょうか。ところが三〇点しか取れなかった。これは「自分の意図したこと」が、十分に表現に反映されていなかったことをばらしてしまったのと同じです。

入試問題は、複数の先生が何度も目を通したうえで、慎重に作成されます。「こうとしか読めない」と、正解を一つに絞り込めるところで問題は作られるのです。表現が曖昧で解釈が分かれるようなところには問題を設けません。読む人が読めばわかるところだけを狙うのです。なのに、作家自身が解けなかった。「自分の意図」と「表現」がずれていたのです。

感性だの情緒だのという言葉が、国語を摑みどころのない教科にしてしまっているようです。勘違いしないでください。何度も言っていますが、感性や情緒は「結果」であって「手段」ではありません。まずは論理を尽くして、表現を正確に読み取ることです。

自分の感性を頼りにする人は、他人の書いたものを、結局は既存の感性で理解するわけです。そこには他者理解にともなう苦痛や無理がありません。無理がなければ自己は相対化（他者との比較をとおして自己をとらえ直すこと）されないのです。そして、相対化されない限り、自己は既存の感性や情緒にいつまでも閉じこもることになります。

逆です。論理と常識を頼りに、まずは文章の忠実な理解に努めるべきです。それは己を曲げ、己を排して他人に寄り添おうとすることです。苦痛は生じます。しかし、苦痛が自己の発見を促し、ひいては感性や情緒の深化をもたらすのです。

（4）通読してはいけない

文の配列・順序が大事

文章を読むにあたって知らなければならない文章の性格。それは、文章は「空間的」に鑑賞される絵画とは根本的に違うということです。

文章は、全体を一望のもとに、いっぺんに鑑賞することはできません。そうではなくて、時間の推移とともに骨格や主題が見えてくるというわかり方をします。「時間的」に鑑賞されるのです。

にもかかわらず、〝一度ざっと読んで何が書いてあるか概略を摑め〟ということが、いまだに言われます。これは読解の第一段階として提唱された、いわゆる通読という方法論です。国語教育の現場では広く知られており、通読させたうえでまず感想文を書かせるというのが授業の常套手段にさえなっています。

しかし、通読こそは国語嫌いを作る元凶だと私は考えています。

まず、この方法論は文章の性格を見誤っています。文章は絵画とは違い、ざっと概観してみるなどということは、できないのです。事柄だけなら拾えるかもしれません。ただし、ざっと読んだのでは論理は追えません。論理が追えなければ、文章は読んだことにはならないし、何より面白くないのです。

《昨日は一週間ぶりに晴れた。僕は友人と一日中外で遊び回った。夜になって発熱した》

前にも出た文です。待ちに待った晴れの日だったからこそ、一日中遊んでしまったのだろう。そして、遊びすぎたからこそ、夜になって発熱したのだろう。そういうわかり方をしなければ、この文章を読んだことにはなりません。しかし、論理の運びは一通りではありません。たとえば、次のような配列だったらどうでしょう。

《昨夜、発熱した。日中、僕は友人と外で遊び回っていた。昨日は一週間ぶりに晴れたのだ》

この文章は、「発熱」がはじめにあって、そのわけを解き明かす形で文が書き足されています。時系列どおりに書かれた先ほどの文章とは、ニュアンスが違います。こちらには、「発熱」の理由を探ろうとする書き手の意志がにじみ出ています。

つまり、私たちは事柄よりも、論理を読むのです。味わうべきは、文の配列であり、順序なのです。

夏目漱石の『坊っちゃん』は、話の中身を言ってしまえば何でもありません。事柄に新奇なものはないのです。では、どうしてあれほど多くの人に読まれるのでしょう。「坊っちゃん」という人物が魅力的だからです。そこで考えてください。「坊っちゃん」が魅力的に感じられるのは、その振る舞い（事柄）が原因でしょうか。それともその振る舞いの描かれ方

〈論理〉が原因でしょうか。言うまでもありません。描かれ方、もっと言うと筋の運び方が「坊っちゃん」を魅力的にしているのです。もちろん、文体や言葉遣いの問題を無視するわけにはいきませんが、漱石が辿《たど》った筋〈論理〉こそが『坊っちゃん』を『坊っちゃん』たらしめているのです。事柄だけ拾っても、論理が追えなければ文章は面白くないとはそういうことです。

さて、話を戻しますが、通読は、こうした読みの本質を無視するものです。目の粗い、抜けの多い読みを強いますから、事柄は拾えても論理を精密に追うことはできません。結果、「文章＝つまらないもの」となってしまうのです。

通読は、人間心理への配慮にも欠けている――という点も指摘しておきます。人間心理。具体的には何だと思いますか。一度知ってしまったら、人間は対象への興味を半減させてしまうというあれです。つまり、ざっと全体に目を通すなどということをしたら、間違いなく〈読みの衝動〉は損なわれます。通読の一番の弊害は、これかもしれません。

通読のあとにはたいがい精読が控えていますが、〈読みの衝動〉が萎えた状態で、満足な精読は望めるでしょうか。犯人や、犯行の動機を知らされたあとでミステリー小説に取りかかる苦痛を、想像してみてください。

（5）はじめが肝心

初回を見忘れたＴＶドラマは、集中できない

以前妻とチャンネル争いをしたことがありました。全一〇回で完結するドラマの第六回目を見たい妻と、ニュース番組を見たい私。妻の言い分はこうでした。

〝前回もその前も、このドラマを面白がって見ていたではないか。今回に限って見たくないと言い出すのはおかしい。気まぐれだ〟

たしかに前回もその前も、私はドラマを楽しみました。しかし、この日はドラマではなくニュースが見たかった。みなさん、これ、どうしてだと思いますか。

	一回目	二回目	三回目	四回目	五回目	第六回目
妻	○	○	○	○	○	絶対に見たい
私	×	○	×	○	○	見なくていい

じつは第一回目を、私は見ていなかったのです。もっと言うと、三回目の放送も見ていな

かった。つまり、私が見たのは、二回目、四回目、そして五回目だけです。

話の筋を漏らさずに押さえている妻と、話の筋を全部は追えていない私とでは、この先の展開を知りたいという欲求の量が決定的に違ったのです。再三述べてきた〈読みの衝動〉の強さが違ったのです。

この日は、私のほうが折れてドラマを見ることになりましたが、妻とは見方が違っていました。折れたぶん、ふて腐れて見ていたというのではありません。集中力が違うのです。見たいという欲求が強かった妻は、私とのもめごとなどなかったかのように、ドラマの世界に集中しました。一方、ドラマの第一回目を見逃している私は、それを見ていないとわからないような登場人物のやり取りに出くわしたりして、次第に興味が削がれていきました。

そうです。

書き出しをしっかり読む。そして、一つの漏れもないように読み進めていく――、これが読みの心構えとしてとても重要なのです。

画用紙をクレヨンで真っ黒に塗りつぶせと言われたら、さて、みなさんはどういう塗り方をしますか。
A、おおまかに全体を塗ってから隙間を埋めていく方法

B、縁取りをしてから中を塗っていく方法

C、端から順番に塗っていく方法

どれでも結構と言いたいところですが、「読み」はCのようなやり方でなければいけません。出だしを大事に読み、順番を守って一文一文漏らさずに進む。途中で理解できない箇所に出会ったら、それ以上先には進まない。そういう習慣をつけてください。そうでないと、先ほどのドラマの話ではないですが、集中力を欠いた、散漫な読みになってしまいます。

ここでみなさんの声が聞こえてきそうです。

〝え、理解できなくなったら、それ以上進んじゃいけないの？　そんな、ばかな〟

そのとおりですね。そんなばかな話はありません。もちろん進んでいいのです。ただし、理解できなかったというその事実は忘れてはいけません。塗り残しの部分を気にしつづけてください。その部分を捨ててしまってさっさと先を急ぐ。そういう読み方がだめだということです。

（6）疑問と待ち伏せ——読み方の基本姿勢

疑問を抱きながら、読むこと

はじめに問題をやってください。

〔問題九〕次の文章を丁寧に読みなさい。そして内容を記憶しておくこと。設問はあとで示します。

「鹿おどし」が動いているのを見ると、その愛嬌の中に、なんとなく人生のけだるさのようなものを感じることがある。可愛らしい竹のシーソーの一端に水受けがついていて、それに筧《かけい》の水がすこしずつ溜まる。静かに緊張が高まりながら、やがて水受けがいっぱいになると、シーソーはぐらりと傾いて水をこぼす。緊張が一気にとけて水受けが跳ねあがるとき、竹が石をたたいて、こおんと、くぐもった優しい音を立てるのである。

見ていると、単純な、ゆるやかなリズムが、無限にいつまでもくりかえされる。緊張が高まり、それが一気にほどけ、しかし何ごとも起こらない徒労がまた一から始められる。ただ、曇った音響が時を刻んで、庭の静寂と時間の長さをいやがうえにもひきたてるだけである。

水の流れなのか、時の流れなのか、「鹿おどし」はわれわれに流れるものを感じさせる。それをせきとめ、刻むことによって、この仕掛けはかえって流れてやまないものの存在を強調しているといえる。

（山崎正和『混沌からの表現』〈ちくま学芸文庫刊〉より）

（注）○筧＝水を導くために地上にかけ渡す、竹や木で作った樋《とい》。

この文章は、高校の教科書に広く採用されているので、読んだことのある人がいるかもしれません。しかし、過去にみなさんがおこなった読みは、私がこれから示す読みとは違うはずです。その違いを確認してもらいたいと思います。

では、設問を示します。記憶の範囲内で答えてもらいますので、それでは困るという人はもう一度読み直してから設問に進んでください。

問一、作者が「鹿《しし》おどし」に愛嬌を感じているのはなぜか。簡潔に答えなさい。

問二、「鹿おどし」が「人生のけだるさ」を感じさせるのはどうしてか。簡潔に答えなさい。

まず、冒頭に何とあったかを見てください。

「鹿おどし」が動いているのを見ると、その愛嬌の中に、なんとなく人生のけだるさのようなものを感じることがある。

こうありますね。では、みなさんに尋ねます。この一文を読んで、どんなことを思いましたか。

〝何を思おうと人の勝手じゃないか〟と言わないでください。思ってもらわなければ困ることが、ちゃんとあるのです。

①「鹿おどし」って何だろう。
②「鹿おどし」に愛嬌を感じているようだけど、どうしてだろう。
③「鹿おどし」に人生のけだるさを感じるのはなぜだろう。

――この三つです。

「文は何かが足りない形をとる」ということはすでに述べました。そして、書き手はその足りない部分を必ず補うものだと。

では、読み手の仕事は何でしょう。そうです。

〈不足に気づくこと〉と、

〈その不足を補う文を探すこと〉です。

つまり、冒頭の文を読んで、私たちはまず不足に気づかなければなりません。別の言い方をすれば、疑問を抱かなければならないのです。

それでは、①〜③のような疑問を抱いたとして、さあ、つづきの文章を読んでください。

こんどは疑問を解決するために読むのです。


可愛らしい竹のシーソーの一端に水受けがついていて、それに筧《かけい》の水がすこしずつ溜まる。静かに緊張が高まりながら、やがて水受けがいっぱいになると、シーソーはぐらりと傾いて水をこぼす。緊張が一気にとけて水受けが跳ねあがるとき、竹が石をたたいて、こおんと、くぐもった優しい音を立てるのである。

見ていると、単純な、ゆるやかなリズムが、無限にいつまでもくりかえされる。緊張が高まり、それが一気にほどけ、しかし何ごとも起こらない徒労がまた一から始められる。

いかがでしたか。疑問を解決しようとして（不足を補う文を求めて）進んだ人は、「可愛らしい竹のシーソー」という言葉に反応したのではないでしょうか。また、「単純な、ゆるやかなリズムが、無限にいつまでもくりかえされる」なんていう言葉にもビビッときたのではないでしょうか。

じつは、①「『鹿おどし』」、②「愛嬌」、③「人生のけだるさ」は、それぞれ次の傍線部と密接に関係しています。一読した段階で、それに気づいていた人、いましたか。もしいたなら、その人はちゃんと読めていた人です。

②可愛らしい竹のシーソーの①一端に水受けがついていて、それに筧《かけい》の水が少しずつ溜まる。静かに緊張が高まりながら、やがて水受けがいっぱいになると、シーソーはぐらりと傾いて水をこぼす。緊張が一気にとけて水受けが跳ねあがるとき、竹が石をたたいて、こおんと、くぐもった優しい音を立てるのである。

③見ていると、単純な、ゆるやかなリズムが、無限にいつまでもくりかえされる。緊張が高まり、それが一気にほどけ、しかし何ごとも起こらない徒労がまた一から始められる。

文は何かが足りない形をとる。そして、書き手はその足りないところを必ず補うものだ。このことは何度も述べてきましたが、まさしくそうなっていることを確認してください。冒頭文の三つの不足は、傍線①、②、③によって漏れなく補われています。

答えをまとめます。

問一の答え↓ 作者は「鹿おどし」を、可愛らしい竹のシーソーとして見ているから。

問二の答え↓ 「鹿おどし」の、緊張が高まり、ほどけ、しかし何ごとも起こらないそのくりかえしのさまが、人生に似ているから。

疑問を解決する文はどこにあるか

隣り合った文と文の因果関係を探ること、これが読解の第一歩——。

ただ、これは文字どおりはじめの一歩であって、最終的には離れたところにある文と文の関係を見抜く力が求められます。

では、それは困難な仕事かといったら違います。隣り合っていようが離れていようが、文と文の関係に気づくことはそう難しい作業ではありません。いまやった手続きを踏めば、関係は誰にでも見えてきます。つまり、不足に気づき、不足を補う文を待つ――。

こういう心構えで読むのです。

この段の表題にもある「疑問」とは不足に気づくことであり、「待ち伏せ」とは不足を補う文を待つということです。文章は受け身的に読んではだめなのです。進んで疑問を抱き、来て欲しい文、来てもらわなければ困る文を待ち構える。すると、読みに推進力がつき、〈読みの感度〉はおのずとよくなっていきます。

〈読みの感度〉とは、言葉と言葉の関係にどれだけ鋭く反応できるかということです。「鹿おどし」に愛嬌があるだなんて、どういうことだろう。こういう疑問を持って進んだ人は、先ほども言ったとおり「シーソー」という言葉に敏感に反応します。ところが、何の疑問も持たずに進んだ人というのは、言葉に反応できないのです。

さて、不足は補われるという前提で話を進めてきましたが、万が一補われなかったらどうしましょう。その場合には、次のどちらかだと思ってください。
(ア) 疑問を持ったこと自体が間違っていたんだ。
(イ) 読んだ文章がだめだったんだ。
まず、(ア) についてですが、たとえば①の「『鹿おどし』って何だろう」という疑問に、作者は答えないかもしれません。「鹿おどし」ぐらいは誰だって知ってるだろう。常識だ。作者がそう判断すればそれまでです。

また、疑問にも限度があるということを言っておきます。些細なことにまでいちいち疑問を抱くなら、読みは複雑怪奇な代物《しろもの》になってしまいます。たとえば、「『鹿おどし』が動いているのを見ると、その愛嬌の中に、なんとなく人生のけだるさのようなものを感じることがある。」これを読んで、ここで言う「人生」は、男の人生か、女の人生か。そんな疑問を持つなら、お門違いと言わねばなりません。

（イ）については、めったにないと言いたいところですが、書くということに無自覚な人の書くものは、ほとんどがこれに当たります。つまり、不足を補う文（当然書かれなければならない文）を、彼らは決まって書き落とすのです。

では、なぜ書き落とすのか――。

書き手に、読みの力がないからです。書き手は書き手であると同時に、自作の読み手だということです。読みが洗練されている人は、書きながら自作を批判的に眺めますから、文章も洗練されていきます。ところが、読みの力がない人は、自作への批評ができませんから粗末な文章を書いても平気でいる。と、そうなってしまうのです。

私は仕事柄、小論文指導というものをおこないます。掴みどころのない仕事と思われがちですが、指導の眼目は二つしかありません。

・不足が補えているか。

・文章が展開しているか。

逆に言えば、この二つを見ることで、書き手の力量は簡単に計ることができます。

だいぶ横道にそれてしまいました。話を元に戻します。

書き出しから順序よく丁寧に辿っていけば、文章はわかるようにできています。辿るとは、疑問を抱きながら、その解決を目指して進んでいくことです。

ところで、前段の最後、文章が理解できなくなったらそれ以上進むな、そう言ったうえで、次のようにつけ加えましたが、覚えていますか。

もちろん進んでいいのです。ただし、理解できなかったというその事実は忘れてはいけません。塗り残しの部分を気にしつづけてください。その部分を捨ててしまってさっさと先を急ぐ。そういう読み方がだめだということです。

どうでしょう。いまならよくわかるのではないでしょうか。「塗り残しの部分」とは〝読んで理解できなかった箇所〟、すなわち疑問を抱いたところです。これは捨てるどころか、嬉々として拾っていくべきところです。たとえば、「人生のけだるさ」って何だろう。そう思ったら、この疑問は捨ててはいけません。疑問を解消してくれる文が来るまで、大事に持ちつづけていなければならないのです。

（7）話の先を予測する習慣

読むときも、書くときと同じ頭の働かせ方

疑問を抱き、来るべき文を待ち伏せるような読みをすると、読みに推進力がつき、ひいては〈読みの感度〉がよくなるという話をしました。これはもっと言うと、「予測せよ」ということです。

〝これまでの話の流れからすれば、次はこうなるんじゃないか。こう話が展開していくんじゃないか〟

こんなふうに話の展開を予測する癖をつけて欲しいのです。そうすれば〈読みの衝動〉や

〈読みの感度〉が高まるばかりでなく、読みは〈自覚的なもの〉になります。話はこう展開するのだろう。自分はいまこの辺りにいるのだろう。そういうことがわかっている読みは強いのです。

学生時代の持久走大会。沿道で監察指導をされている先生に、みなさんは必ず聞いたはずです。「先生、あと何キロ?」って。あれです。見通しが立たない中で走るのはつらいですが、見通しが立てば、走りは違ってくるのです。

さて、ここで大事なことを言います。

言葉や文を正しく追える人は、書くときに必要な頭の働かせ方を、知らず知らずのうちに実践しているということです。

たとえば、読みながら先を予測する人というのは、読んでいるのではありません。書いているのです。予測とは、〝私ならこう書く〟という「読み手の構想」にほかなりません。展開を予測する習慣がついている人は、読みながら絶えず構想を練る人。つまり作家なのです。

私たちは、文章を読んで面白いとか面白くないと言います。これは、その文章が読者である私たちの予測(=「読み手の構想」)を上回るか下回るかということです。つまり、予測にうまく応じながら、しかし最終的には、いい意味でその予測を裏切る文章でなければ、私たちは納得しないのです。

小説を読んでいるときに、「私だったらもっとうまく書けるのに」と思ったことがある人、いませんか。その人はその小説の構想に満足しなかった人です。すなわち、もっと面白い構想をイメージできた人。こういう人は、きっと小説が書けます。

小説など一度も書いたことのない人が、はじめて書いた小説で賞をもらうことがよくあるのは、以上のようなカラクリによるのです。

読むことは書くことの延長であり、

書くことは読むことの延長である――。

このことはぜひ覚えておいてください。

では、また問題です。

〔問題十〕次の文章をよく読んで、あとの問いに答えなさい。ただし、第二段落の一文目で、文章を途切れさせてしまっていることをつけ加えておく。

人間に本能的恐怖なるものが存在するかどうかは知らないが、人間が感じる恐怖のほとんどは自我にかかわるものである。すなわち、人間は自我に組み込めないもの、自我の安定を乱すもの、自我を崩壊させる危険のあるものを恐れる。したがって、人間の感じる恐怖は必ずしも現実の危険に対応していない。

人間のもっとも大きな恐怖の一つである死の恐怖を考えてみよう。

（岸田秀《しゅう》『ものぐさ箸やすめ』より。ただし、傍線は筆者）

問、傍線部に「考えてみよう」とあるが、「死の恐怖」を考えてどうしようというのか。詳しく答えなさい。

冒頭の「自我にかかわるものである」を読んで、これってどういうことだろうと、疑問を抱きましたか。直後を読めばすぐにわかることですが、この佇《たたず》みが大事です。佇んだ人は、わかり方の質が違ってくるからです。つまり、発見の喜びがともない、わかり方が深くなるのです。では、問題に答えていきます。大事なのは次の文です。

したがって、人間の感じる恐怖は必ずしも現実の危険に対応していない。

ここでは、誰もが佇んだのではないでしょうか。どういうことだろうと。しかし、疑問を抱くだけではだめです。こんなときこそ、先を予測して欲しいのです。

〝「人間の感じる恐怖は必ずしも現実の危険に対応していない」とはどういうことだろう？人間は「自我の安定を乱すもの」を恐れると言っていた。ということは、〈現実の危険がなくても、自我が不安定になれば人間は恐怖を感じる〉と、そんなことを言いたいのではないか。いずれにしても、この程度の説明ではわからないし、作者だって、これで済ませるつもりはないだろう。このあと、詳しく説明するんだろう〟

こんなふうに予測したなら、読みは違ったものになります。つまり、

人間のもっとも大きな恐怖の一つである死の恐怖を考えてみよう。

これを読んだ瞬間、次のように直感するはずです。

「死の恐怖」とあるけど、「死の恐怖」一般について考えるわけではないはずだ。「死の恐怖」を例に取りながら、〈現実の危険がなくても、人間は恐怖を感じるものだ〉ということ

を説明するつもりなんだろう。

ところが、佇みもしない、何の見通しも立てない、という人がいます。曖昧なわかり方のまま、漫然と進む人です。こういう人は目的意識がありませんから、先ほどの一文を読んでも、こんどは「死の恐怖」について考えるのかと、ぼんやり思うだけです。当然、自分の立ち位置についての自覚は生まれません。自分がどこをどう歩いているのか、たちまちわからなくなるのです。

「死の恐怖」を例にとって、現実の危険がなくても人間は恐怖を感じることがあるということを証明しようとしている。これが答えです。

文章の先を予測するから、読書は楽しい

では、つづきの文章を見てみます。

人間のもっとも大きな恐怖の一つである死の恐怖を考えてみよう。動物だって、自分より強い他の動物が襲いかかってきたというような現実に差し迫った死の危険に恐怖を感じて必死に逃げるであろうが、動物は死そのものには恐怖をもっていないであろう。人間は、現実に何の危険も差し迫っていなくても、自分がいつかは死ぬであろうということを恐れる。たいていの人間にとって、死とは自我の崩壊どころか消滅を意味するからである。

予想どおり、人間は現実の危険（＝差し迫った死）がなくても、死そのものに恐れを抱くということが書かれていました。死のイメージは、自我の安定を乱すという点で、十分に恐怖の対象になるというのです。

さて、二段落目を読み終わったいま、足りないものはすべて補われました。疑問は解消しましたから、これ以上先の予測は立ちません。本当にそうでしょうか。

二段落目で、私たちはたしかに大きな切れ目を迎えました。次のようなことについて読み終えたのです。

人間は自我の安定を乱すものを恐れる。したがって、たとえば現実の死以外に、人間は死のイメージそのものにも恐怖を感じる。

では、みなさんに聞きます。作者はどうしてこんな話をしたのでしょう。これこそは大きな疑問ではありませんか。つまり、これまでの話を前提にして、作者はこのあと新しい話に進んでいくのではないでしょうか。それが何かはわかりません。しかし、恐怖にまつわる何か別の話であることぐらいは見当がつきます。

こう考えていくと、このつづき、何としても読みたいとは思いませんか。

〈読みの衝動〉は、事前に高めておくだけではだめだということも、言っておきます。その気になって読み進めたはいいが、途中で衝動が萎《な》えていく人はいくらでもいます。文章が粗末というわけではないのに、この手の先細り現象が起こるのはどうしてでしょう。読み方がまずいのです。

章のはじめで述べたこの文章の意味も、いまならわかると思います。そして、読み進めながら〈読みの衝動〉を高めていくカラクリが見えてきたのではないでしょうか。そうです。読みの名手は、〈疑問と予測〉を頻繁に繰り返すのです。だから〈衝動〉が持続するのです。

では、つづきを見ていきましょう。作者はこのあと何を述べるのか。本当に楽しみです。

丁寧に辿ってきましたから、この先はすーっと頭に入っていくはずです。これまでの話がまだよく飲み込めてないという人は、もう一度読み返してから進んでください。途中に抜けがあると、話はわからなくなります。

したがって、この構造を変えることができれば、死の恐怖を軽減することができるわけである。自我の安定を乱すものとは自我から排除されているものであるから、同じことでも自我に組み込んでしまえば、恐怖ではなくなる。「武士道とは死ぬことと見付けたり」というわけで、死を武士たる自分の自我の構成要素にしてしまえば、もはや死はそれほど恐ろしくないであろう。そして、勇敢に戦い、名誉を守って立派に死ぬということを自我の支えとしていれば、名誉を失って見苦しく生きることこそ自我を崩壊させるから、そのほうを死より恐れるであろう。現代のように、死から眼をそらす傾向が強い時代は、現実に死の可能性に直面したときの死の恐怖はいやが上にも強まると思われる。

なるほど。この文章、面白いですね。「展開」しているからです。読み進むにつれて、視界が開けていくからです。

（8）文章の切れ目は、どこ？

段落意識を持てる人が、読める人

ここで確認しておきますが、〈疑問〉が湧くのは、文が足りない形をとるからであり、〈予測〉が立つのは、文が論理的なつながり方をしているからです。

〈予測〉ははずれてもかまわない。このことも言っておきます。はずれたときには、「なんだ、そうくるのか！」と論理の屈折に注意が向き、かえって読みに弾みがつくからです。

さて、本章の「（6）疑問と待ち伏せ——読み方の基本姿勢」「（7）話の先を予測する習慣」、この二つの段で述べてきたことは、最終的には〈段落意識〉という問題につながっていきます。では、〈段落意識〉とは何か。それを話す前に、二つの用語を知っておいていただく必要があります。

すなわち、「形式段落」と「意味段落」です。

「形式段落」……行が一字分下がっているところが、その切れ目。

「意味段落」……意味上のまとまりを考えたときに、そこが大きな切れ目だと判断されたところが、その切れ目。（たとえば、①から⑩の形式段落から成る文章を、意味上のまとまりから〈①〜③〉〈④〜⑦〉〈⑧〜⑩〉の三つに分けることができるとすれば、「この文章は三つの意味段落に分けることができる」という言い方をする）

国語教室で「段落分け」と言えば、ふつう意味段落に分けることを指します。そして敬遠されるのです。〝摑みどころのない作業〟ということなのでしょう。しかし、読解力のあるなしを計るには、「段落分け」をさせてみるのが一番手っ取り早いこともたしかです。自覚的な読みができなければ、この作業には太刀打ちできないからです。

さて、〈段落意識〉について話を戻します。これは、「段落分け」をしようとする意識ではありません。自分がいま何を読んでいるかについて、意識的であるということです。一つの話題がいま終わったようだとか、こんどは違う話を持ち出してきたぞとか、そういうことにいちいち反応する意識です。文章には、形式段落や意味段落の切れ目とは別に、こうした話題の切れ目が無数にあります。「段落分け」は、あくまでもその延長上にすぎません。

では、〈段落意識〉はどうやったら育つのか。

〝疑問を持ちながら、文を待ち伏せる〟

〝展開を予測し、どこをどう歩いているか自覚しながら進む〟
この二つを実践することです。
ということで、「段落分け」の問題を用意しました。できるかどうか、試しにやってみてください。

〔問題十二〕次の文章を二つの意味段落に分けるとすると、第二段落はどこから始まるか。最初の五文字（句読点を含める）で答えなさい。

ミロのヴィーナスを眺めながら、彼女がこんなにも魅惑的であるためには、両腕を失っていなければならなかったのだと、ぼくはふとふしぎな思いにとらわれたことがある。つまり、そこには、美術作品の運命という制作者のあずかり知らぬなにものかも、微妙な協力をしているように思われてならなかったのである。パロス産の大理石でできている彼女は、十九世紀のはじめごろ、メロス島で、そこの農民により思いがけなく発掘され、フランス人に買い取られて、パリのルーブル美術館に運ばれたと言われている。そのとき彼女は、その両腕を、故郷であるギリシャの海か陸のどこか、いわば生ぐさい秘密の場所にうまく忘れてきたのであった。いや、もっと適確に言うならば、彼女はその両腕を、自分の美しさのために、無意識的に隠してきたのであった。よりよく国境を渡って行くために、そしてまた、よりよく時代を超えて行くために。このことは、ぼくに、特殊から普遍への巧まざる跳躍《ちょうやく》であるようにも思われるし、また、部分的な具象の放棄による、ある全体性への偶然の肉迫であるようにも思われる。ぼくはここで、逆説を弄《ろう》しようとしているのではない。これはぼくの実感なのだ。ミロのヴィーナスは、いうまでもなく、高雅と豊満《ほうまん》の驚くべき合致《がっち》を示しているところの、いわば美というものの一つの典型であり、その顔にしろ、その胸から腹にかけてのうねりにしろ、あるいはその背中のひろがりにしろ、どこを視つめていても、ほとんど飽きさせることのない均整の魔がそこにはたたえられている。しかも、それらに比較して、ふと気づくならば、失われた両腕はある捉えがたい神秘的な雰囲気、いわば生命の多様な可能性の夢を深深とたたえている。つまり、そこでは、大理石でできた二本の美しい腕が失われたかわりに、存在すべき無数の美しい腕への暗示という、ふしぎに心象的な表現が思いがけなくもたらされたのである。それは、確かに、なかばは偶然の生みだしたものだろうが、なんというう微妙な全体性への羽搏《はばた》きであることだろうか。その雰囲気に一度でもひきずり込まれたことがある人間は、そこに具体的な二本の腕が復活することを、ひそかに怖れるにちがいない。たとえ、それがどんなに美事な二本の腕であるとしても。したがって、ぼくにとっては、ミロのヴィーナスの失われた両腕の復元案というものが、すべて興ざめたもの、滑稽でグロテスクなものに思われてしかたがない。もちろん、そこには、失われた原形というものが客観的に推定されるはずであるから、すべての復元のための試みは正当であり、ぼくの困惑は勝手なものだろう。しかし、失われていることにひとたび心から感動した場合、もはや、それ以前の失われていない昔に感動することはほとんどできないのである。なぜなら、ここで問題となっていることは、表現における量の変化ではなくて、質の変化であるからだ。表現の次元そのものがすでに異なってしまっているとき、対象への愛と呼んでもいい感動が、どうして他の対象へ遡《さかのぼ》ったりすることができるだろうか？　一方にあるのは、おびただしい夢を孕《はら》んでいる無であり、もう一方にあるのは、たとえそれがどんなに素晴らしいものであろうとも、限定されてあるところのなんらかの有である。

（清岡卓行《たかゆき》『手の変幻』より。ただし、設問のために原文にはある段落落ちを施していない）

この問題、考え方はいたって簡単です。

ミロのヴィーナスを眺めながら、彼女がこんなにも魅惑的であるためには、両腕を失っていなければならなかったのだと、ぼくはふとふしぎな思いにとらわれたことがある。

この冒頭文の「不足」が完全に補われるのはどこか。その場所を探すのです。

①ミロのヴィーナスとは何だろう？
②魅惑であるためには両腕が失われていなければならなかったと、なぜ言えるのだろう？
③「ふしぎな思い」と感じるのはなぜだろう？

「不足」はせいぜいこの三つですが、言うまでもなく大事なのは、②の不足です。これが補われたとき、文字どおり〝一段落〟つくのです。

では、順次見ていきます。

つまり、そこには、美術作品の運命という制作者のあずかり知らぬなにものかも、微妙な協力をしているように思われてならなかったのである。

さて、この第二文は、冒頭文のどこを承けて書かれたのでしょう？

ぼくはふとふしぎな思いにとらわれたことがある。

ここですね。つまり、これは③を解決する文です。魅惑的であるために、美術作品はある運命を偶然に背負った。不思議ではないかというのです。

パロス産の大理石でできている彼女は、十九世紀のはじめごろ、メロス島で、そこの農民により思いがけなく発掘され、フランス人に買い取られて、パリのルーブル美術館に運ばれたと言われている。そのとき彼女は、その両腕を、故郷であるギリシャの海か陸のどこか、いわば生ぐさい秘密の場所にうまく忘れてきたのであった。

つづくこの部分は、ミロのヴィーナスの説明です。①を解決しています。残るは②ということですが、どこまで読むとそれは解決するのでしょう。

つまり、そこでは、大理石でできた二本の美しい腕が失われたかわりに、存在すべき無数の美しい腕への暗示という、ふしぎに心象的な表現が思いがけなくもたらされたのである。

ここですね。腕が失われているからこそ、「存在すべき無数の美しい腕」を私たちは心に描くことができる。なるほど、そう説明されれば、②についての合点がいきますね。ということで、第一段落はこの文まで、と言いたいところですが、ちょっと待ってください。つづきの文はこうなっています。

それは、確かに、なかばは偶然の生みだしたものだろうが、なんという微妙な全体性への羽搏《はばた》きであることだろうか。その雰囲気に一度でもひきずり込まれたことがある人間は、そこに具体的な二本の腕が復活することを、ひそかに怖れるにちがいない。たとえ、それがどんなに美事な二本の腕であるとしても。

いかがでしょう。指示語は前の文との関わりを強く示す言葉です。②を解決するための論証は、まだつづいていると見るべきではないでしょうか。

最初の五文字ということでした。答えはずばり、「したがって」です。ここから作者は、「ミロのヴィーナスの失われた両腕の復元案」という新しい話題に入っていくのです。

念のため言っておきますが、この先を漫然と進んではいけません。新しい話題に入るのだなという自覚のもとに、新たな不足ないしは疑問を念頭に置いてから進んでください。

したがって、ぼくにとっては、ミロのヴィーナスの失われた両腕の復元案というものが、すべて興ざめたもの、滑稽でグロテスクなものに思われてしかたがない。

復元案をそこまで拒絶するわけは何だろう。復元案は現実な話としてどこまで進んでいるのだろうか。たとえばこういった疑問を抱きながら進むのです。そうすれば、次の切れ目もちゃんと見えてきます。切れ目が見えれば、読みは安定するのです。

ところで、こんな読み方をしていてはずいぶん時間がかかりそうだな。そう思った人がいるかもしれません。そこで、最後にひとこと言っておきます。「疑問を抱くこと」も「先を予測すること」も、本来は瞬時におこなわれるものだということです。慣れれば、それはほとんど無意識の作業になります。

(9) 読解問題に挑戦してみよう

この本のまとめとして、読解問題を三つ用意しました。いずれも「文と文の関係を探る目」を養うことが目的です。ぜひやってみてください。

〔問題十二〕次に挙げるのは、『海岸通《どおり》』という歌の歌詞です(ただし、傍線は設問のために加えた)。よく読んで、あとの問いに答えなさい。

海岸通　　　伊勢正三《しょうぞう》

あなたが船を選んだのは
私への思いやりだったのでしょうか
別れのテープは切れるものだとなぜ
気づかなかったのでしょうか
港に沈む夕陽がとてもきれいですね

あなたをのせた船が小さくなってゆく

夜明けの海が悲しいことを
あなたから教えられた海岸通
あなたの言うとおり妹のままで
いたほうがよかったかもしれない
あなたがいつかこの街離れてしまうことを
やさしい腕の中で聞きたくはなかった

まるできのうと同じ海に波を残して
あなたをのせた船が小さくなってゆく

問一、「別れのテープは切れるものだとなぜ　気づかなかったのでしょうか」とあるが、（a）「気づかなかった」の主語を文中の言葉で答えなさい。（b）また、この傍線部はどういうことを言っているのか、よくわかるように説明しなさい。

問二、「夜明けの海が悲しいことを　あなたから教えられた海岸通」とあるが、これはどういうことを言っているのか、よくわかるように説明しなさい。

この歌は、イルカさん（女性フォークシンガー）が歌って、七〇年代当時、大いにヒットしました。作詞者である伊勢正三氏（作曲も同氏）は、フォークグループ「かぐや姫」「風」のメンバーとして活躍し、これ以外にも多くのヒット曲を手がけています。

さて、あれだけヒットした『海岸通』です。歌詞も、メロディとともに多くの人の心をとらえ、支持を得たのでしょう。と、そう言いたいところですが、歌詞の意味をみながみな正しく理解していたかというと、じつは怪しいのです。この問題を、高校三年生のあるクラスに課したところ、問一の（a）に正解した生徒は四〇人中一六人。（b）にいたっては、なんと三人しかいませんでした。

まず、みなさんに聞きます。冒頭の二行が指す意味、わかりましたか。

あなたが船を選んだのは
私への思いやりだったのでしょうか

船を選ぶことが「彼女」への思いやりになるとしたら、それはどうしてでしょう。こういうときには、逆のことを考えてみるのです。船ではなく車や電車や飛行機だったらだめなのか。船とどこが違うのかと。もっとも、違いは山ほどあって、この二行だけでは意味は見えてきません。そこで、先に進むわけですが、疑問と予測、これを忘れないでください。船を選ぶことが思いやりになるのはどうしてか。それが説明されるはずだ。そう思って次を読むのです。

別れのテープは切れるものだとなぜ
気づかなかったのでしょうか

文と文の関係に気づいたでしょうか。

そうです。船の別れは、別れのぎりぎりまでテープ（旅立つ者と埠頭に残る者を結ぶ紙テープ）でつながっていられる点が違うのです。

船はゆっくりと岸壁を離れていく。その間、テープで結ばれながら、別れを惜しむ時間が持てる。「彼」にはそういう計算があったのではないでしょうか。別れが一瞬の、素っ気ないものにならないための配慮。そう考えれば、たしかに思いやりです。

しかし、これは計算違いでした。つまり、彼の思いやりが裏目に出てしまったことを、彼女は若干の恨みを込めて指摘したのです。もちろん本気ではありません。彼の優しさには感謝しながら、心の中で少々恨みごとを言ってみるのです。

テープは、別れのぎりぎりまで二人をつないでくれますが、いつかは必ず切れます。しかも二人の目の前で。つまり、テープが切れるという物理的な出来事は、別れが決定的なものであることを、彼女により一層強く印象づけることになってしまったのです。こんなことなら、テープなんかでつながらないほうがよかった。船なんか選んで欲しくなかった。彼女はそう思ったのです。

つまり、（a）の答えは、「あなた」です。（b）の答えは、「あなたは私を思いやって、テープでつながっていられる船の別れを選んだのでしょうが、切れたテープは別れを一層印象づけることになって私はかえって辛かった、ということ」です。あなたはどうしてそのことに気づかなかったのかしら、となじっているのです。

第二連を見ていきましょう。ここは回想です。時間が戻っています。

夜明けの海が悲しいことを
あなたから教えられた海岸通
あなたの言うとおり妹のままで
いたほうがよかったかもしれない
あなたがいつかこの街離れてしまうことを
やさしい腕の中で聞きたくはなかった

〝「夜明けの海は、漁船が全部出はらってしまって寂しく感じるもの」あなたからそう教わったことがあったわね、あの海岸通りで〟

このような解釈をした生徒が実際にいました。言葉をその部分だけで解釈しようとすると、必ずこうしたとんちんかんの答えが出てしまうものです。仮にここをそのように読んだとして、では、あとの部分とどう関わるのでしょう。書き手は、ほかとまったく関わりのない文を、文章中に一つだけぽんと置くような真似はしません。この冒頭の二行は、あとの四行と密接に関係しているのです。その関係を見抜いてください。

「妹のままで」が、たとえであることはわかりますね。恋人でも、友だちでもないその中間の立場を、「妹」と言っているのです。

恋人同士の関係になることを、彼は拒んだのでしょう。友だちの関係で不足なら、兄妹の関係でいようと提案したのです。ところが、彼女のほうがそれに満足できなかった。

では、彼と恋愛関係で結ばれてしまったことを、彼女はいまどう思っているのでしょう。「妹のままでいたほうがよかったかもしれない」とあるのですから、多少悔いているのですね。兄妹の関係だったら別れはこれほど辛くなかったろう、というわけです。

さて、ここで一つ尋ねます。別れの予告を彼の腕の中でされたということですが、そのとき二人はどこにいたのでしょう。

そうです。それが海岸通りだったのです。彼とよく歩いた通りだったのでしょうか。前後の状況ははっきりしませんが、なにしろ夜明けの海岸通りで、彼女は彼の腕に包まれながら別れを告げられたのです。さあ、そのときに眺めた夜明けの海は、彼女の目にどんなふうに映ったでしょう。

問二の答えをもう言ってしまおうと思いますが、その前に一つだけ確認しておきます。いまおこなった解釈は、不足を補おうとした結果として、必然的になされたということです。

夜明けの海が悲しいことを
あなたから教えられた海岸通
あなたの言うとおり妹のままで
いたほうがよかったかもしれない

この四行、じつは読んでもわからないことだらけです。
・どうして夜明けの海が悲しいのか。
・それをあなたから海岸通りで教えられたとはどういうことか。
・どうして妹のままでいたほうがよかったのか。
こうした疑問がいやでも生じます。そこで読み手は、疑問を解決したくて最後の二行を読みます。

あなたがいつかこの街離れてしまうことを
やさしい腕の中で聞きたくはなかった

そして、「なるほど」となるのです。

「夜明けの海岸通りであなたから別れを告げられたとき、目の前の海がそれはそれは悲しく見えたということ」が、問二の答えです。

最後に、「海岸通」は実在することをつけ加えておきましょう。横浜の「山下公園」をご存じでしょうか。横浜港を臨む公園で、〝赤い靴の女の子の像〟などがあります。さて、この公園に沿って走る道を「山下公園通」と言いますが、この通りは「みなと未来」地区の方向へ進むと、途中で名称が変わります。それが「海岸通」です。近くには大桟橋《おおさんばし》と呼ばれる埠頭《ふとう》があり、いまでも大きな客船が発着しています。

〔問題十三〕次の文章をよく読んで、あとの問いに答えなさい。

酒を飲んだあとは、のどがかわくのが彼の本質だったから、彼は早手まわしにりんごをもってきたのである。ところがその晩にかぎって、いつもよりのどのかわき方が烈しく、彼は水道の水をたてつづけにコップに三杯も飲んでしまったのだ。そのせいか、いざりんごをむこうという段になると、急に食欲がなくなった。

もうひとつ、ちょうど、机の上の特大の南部鉄の灰皿がこぼれんばかりに一杯だったということも、りんごを食べたくなくなった理由のひとつに数えられたかもしれない。

（谷川俊太郎『ぺ』より）

問、灰皿が一杯だったことが、どうしてりんごを食べたくなくなった理由になるのか。わかりやすく説明しなさい。

みなさんの答えは、次のようなものだったのではないでしょうか。

〝吸い殻の山を見て、不快な気分になったから〟

論理の自然な流れからすれば、当然の答えです。正解と言っておきます。ただし、本当の理由は違うのです。この文章のつづきはこうです。

むいたりんごと、その皮とを同じ皿に置くというのは、彼にはどうしてもがまんができなかったから。

どうですか。事情が違ってきましたね。りんごを食べたくなくなった理由は、吸い殻を見て不快になったからではなさそうです。いま読んでもらった文は、書き手が仕掛けた文です。すんなり流れていくはずのところに、わざと淀みを作ったのです。では、もう一度よく読んで、りんごを食べたくなくなった理由を明らかにしてください。

まだわからないという人は、机の上には何が見えるか想像してみてください。吸い殻で一杯になった灰皿と、りんご、そして皿とナイフですね。「皿とナイフ」これがポイントです。彼はりんごだけを持ってきたわけではないのです。なぜなら、こう書かれています。

むいたりんごと、その皮とを同じ皿に置くというのは、彼にはどうしてもがまんができなかったから。

彼はりんごを丸かじりするつもりではなく、むいて食べるつもりだったのです。そのために、皿も一枚だけは用意したのです。もう、わかりましたか。そうです。彼はりんごの皮の「捨て場所」にこだわっているのです。

皮は灰皿にでも捨てればいいと思っていた。ところが吸い殻が一杯で捨てられないことに気づいた。そう思ったとたん、彼は食欲をなくしてしまったのです。持ってきた皿に捨てたらいいではないか。普通はそう思います。しかし、彼はそれが気に入らないというのです。「むいたりんご」と「その皮」を同じ皿に置くというのは、彼の流儀にそぐわないと。

論理の流れにブレーキをかける。屈折感をこしらえる。これは読者への配慮だと言いました。それによって、読者の読みに推進力を与えると。しかし、屈折感は、読者の注意をそこにつなぎ止める働きもします。「彼」という人物の気難しさ。この場合は、それを読者に印象づけたかったのではないでしょうか。

文と文の関係がすぐに摑めないような箇所には、作者の主張に関する何か重要な手がかりがある。じつはそう考えるべきなのです。

〔問題十四〕次の文章をよく理解しなさい（段落①と段落②がどういう関係で結ばれているかを読み取ること）。

うまい物を食う楽しさがある、好きな人と共にいる楽しさがある、ひとりでぼんやり時を過ごせるという楽しさもある、そして一篇の詩を読む楽しさがある。それらを私たちは均質に楽しんでいるのだろうか。それらの楽しさのちがいを言葉で言い分けることは難しいにしても、少くともそこに微妙な味わいのちがいは存在するだろう。人生を楽しむと一口に言っても、子どもの楽しみかたと、おとなの楽しみかたの間には差があるだろう。理由のない悲しみというようなものがあるとすれば、理由のない楽しさもあるだろう、そのどちらがより深い感情かは断じがたいはずなのに、私たちはともすれば笑顔よりも、涙をたっとぶ。（以上、段落①）

アメリカ人とつきあうようになったころ、エンジョイ（楽しむ）という言葉に、彼等が私たち日本人よりも大切な意味を与えているらしいと知って、少々奇異な感じがしたおぼえがある。パーティに招かれても、すぐに主人役が近づいてきて、楽しんでいるかと訊く。イエスと答えれば彼は満足するし、帰りがけにこっちが言うお礼の言葉も、楽しかったとひとこと言えばそれで十分なのである。そのエンジョイという言葉は、たとえば一篇の詩の読後感にも、真率なほめ言葉として使われる。パーティも楽しむものなら、詩も楽しむものだというその考えかたに、何かしら少々大ざっぱなものを感じたと同時に、彼らが私たち以上に楽しむことを大事にしているのを、うらやましくも、またいじらしくも思った。（以上、段落

（谷川俊太郎『「ん」まであるく』より）

②

わかったようなわからないような、そんな感じの文章だった。こういう読後感を抱いた人は、おそらく読めていない人です。この文章は段落と段落のあいだに若干の距離があるため、疑問を抱きながら「来るべきもの」を待ち構える姿勢で臨まないと読めません。

さて、よく理解せよという問題ですので、以下の解説を読みながら、それが十分にできていたか検証してみてください。

まず、段落①の「それらを私たちは均質に楽しんでいるのだろうか」を読んだときに、これが反語表現だと気づいたでしょうか。気づかなかった人は、直後の文章を読んでください。

それらの楽しさのちがいを言葉で言い分けることは難しいにしても、少くともそこに微妙な味わいのちがいは存在するだろう。人生を楽しむと一口に言っても、子どもの楽しみかたと、おとなの楽しみかたの間には差があるだろう。

つまり、「均質に楽しんでいるのだろうか」と問いかけたのちにすぐ、作者はそれを否定したのです。楽しみの質は均一ではない。対象によっても違うし、大人か子どもかによっても違ってくると。

ところが、この次に登場する文は不思議です。

理由のない悲しみというようなものがあるとすれば、理由のない楽しさもあるだろう、そのどちらがより深い感情かは断じがたいはずなのに、私たちはともすれば笑顔よりも、涙をたっとぶ。

作者は、楽しさの質は均一ではないということを述べていました。ですから、「理由のない悲しみというようなものがあるとすれば、理由のない楽しさもあるだろう」の部分はその流れで読むことができます。楽しさには色々あって、理由のはっきりしたものもあれば、はっきりしないものもある。楽しさの質はやはり均一ではない。そういうことでしょう。話題の中心は〝楽しさ〟ですから、「理由のない悲しみ」は、「理由のない楽しさ」を引き出すための脇役にすぎません。不思議だと言ったのは波線部です。いつの間にか「理由のない悲しみ」と「理由のない楽しさ」の比較になっているのです。そして、「理由のない楽しみ」だって「深い感情」なのだと、まるでこれを弁護しているかのようです。

つまり、最後の最後に〈楽しさの質は均一ではない……A〉から〈楽しさだって深い感情なのだ……B〉に比重が移っている。これを見逃さないでください。そして、AとBを承けて、次に何が語られるのか、それに注目してください。

アメリカ人とつきあうようになったころ、エンジョイ（楽しむ）という言葉に、彼等が私たち日本人よりも大切な意味を与えているらしいと知って、少々奇異な感じがしたおぼえがある。

段落②のこの冒頭を読んで、「私たちはともすれば笑顔よりも、涙をたっとぶ」の「私たち」が〈日本人である私たち〉だということに気づきましたか。〈人間である私たち〉でもなければ〈現代に生きる私たち〉でもありません。作者は日本人について語るつもりなのです。

ところで、段落②の中に、先ほどのA、Bを承けた発言はあったでしょうか。注目しろと言いましたが、意識していても読み過ごした人は多かったかもしれません。しかし、ちゃんとあります。えっ、と思った人はもう一度読み直してください。

A、楽しさの質は均一ではない

B、楽しさだって深い感情なのだ

AやBを承けて書かれたのは、それぞれ次の部分です。

Aパーティも楽しむものなら、詩も楽しむものだというその考えかたに、何かしら少々大ざっぱなものを感じたと同時に、B彼らが私たち以上に楽しむことを大事にしているのを、うらやましくも、またいじらしくも思った。

楽しさの質は対象によっても、大人か子どもかによっても違ってくる。これが日本でした。ところが、アメリカではパーティも詩も同じように楽しむ、楽しさの質は均一だというのです。

そして、日本と違って、楽しむことを大事にしているアメリカ人がうらやましいし、いじらしいと言っています。これは楽しさだって深い感情だということをアメリカ人は知っている。そう評価した結果としての発言です。つまり段落②は、段落①の主張であったA、Bをしっかり承けて書かれているのです。

隣り合った文と文がそうであるように、隣り合った段落と段落も密接な関係で結ばれています。一見無関係でも、後段は前段を必ず承けるものなのです。その〝承け〟というものに敏感な読み手になる。これが目標です。そして、「疑問と待ち伏せ」がそれを実現すると肝に銘じてください。

意識していても読み過ごしたぐらいです。AやBをしっかりと受け止め、「だからどうだというのか」と身構えなければ、段落①と段落②の関係には決して気づきません。気づかなければどうなるか。意味のない事柄だけがばらばらと頭の中に投げ込まれるだけです。最初に言ったような、「わかったようなわからないような、そんな感じ」だったという読後感を得て終わるのです。

では、気づくとどうなるか。「予測」が立つのです。

AやBを承けて、作者は今後、次のように話を進めていくのではないでしょうか。

A、楽しさの質は均一ではない

←

何でも均一に楽しむアメリカ人の態度を、今後もっと肯定的に語っていくのではないか。

B、楽しさだって深い感情なのだ

←

悲しみにばかり重きを置いて、楽しさを軽んずる日本の風潮を、今後もっと否定的に語っていくのではないか。

こうなると、先が待ち遠しくなります。読むことが楽しくなるのです。

おわりに

文章には意味があり、それらは解釈可能だ――ということを前提に本書を書き進めてきました。しかし、解釈や意味づけを拒絶するような表現形式があることも事実です。たとえば次の詩を読んでみてください。

冬と銀河ステーシヨン　宮沢賢治

そらにはちりのやうに小鳥がとび
かげろふや青いギリシヤ文字は
せはしく野はらの雪に燃えます
パツセン大街道のひのきからは
凍ったしづくが燦々《さんさん》と降り
銀河ステーシヨンの遠方シグナルも
けさはまつ赤《か》に澱んでゐます

川はどんどん氷《ザエ》を流してゐるのに
みんなは生《なま》ゴムの長靴をはき
狐や犬の毛皮を着て
陶器の露店をひやかしたり
ぶらさがつた章魚《たこ》を品さだめしたりする
あのにぎやかな土沢の冬の市日《いちび》です
(はんの木とまばゆい雲のアルコホル
あすこにやどりぎの黄金のゴールが
さめざめとしてひかつてもいい)
あゝ　Josef Pasternack の指揮する
この冬の銀河軽便鉄道は
幾重のあえかな氷をくぐり
(でんしんばしらの赤い碍子と松の森)
にせものの金のメタルをぶらさげて
茶いろの瞳をりんと張り

つめたく青らむ天椀の下
うららかな雪の台地を急ぐもの
（窓のガラスの氷の羊歯は
だんだん白い湯気にかはる）
パッセン大街道のひのきから
しづくは燃えていちめんに降り
はねあがる青い枝や
紅玉やトパーズまたいろいろのスペクトルや
もうまるで市場のやうな盛んな取引です
（宮沢賢治『春と修羅』より）

一読しても、何を言っているのか理解できなかったと思います。そもそも、理解してもらいたいなどとは、作者自身、はじめから期待していないかのようです。では、なぜこういう表現形式は成り立つのでしょう。

解釈できる、理解できる、ということは、私たちの「頭」の手に負えるということです。

では、世の中、「頭」の手に負えるものばかりでしょうか。違いますね。理不尽なこと。不可解なこと。私たちはそんなものに取り巻かれて生きています。つまり、詩人は「頭」では理解できないところのもの、すなわち言葉以前、言葉以後を見据えているのです。

発言に窮《きゅう》したときに、私たちは「うまく言えないのですが……」などと言い訳します。しかし、こういう場合、本当は〈言いたいこと〉などないのです。言葉は認識の窓だと言ったとおり、言語化されないまま、認識だけが先に成立するということは本来あり得ないからです。ところが詩人は、言語化し得ない認識に、それでも何とか形を与えようとします。つまり、世界には「言葉（＝頭）」の手に負えないことが山ほどありますが、あえてそこにスポットを当てようとするとき、詩は生まれるのです。そして、そうである以上、言葉の使われ方は、通常の形をとらなくなります。詩が難解であるのはそのためです。

以上のことを踏まえて、ここで一つだけ言い加えたいことがあります。

「以心伝心」「目は口ほどに物を言う」……こういった言葉を持ち出すまでもなく、私たちは、じつは言葉を離れた世界にも生きています。それを忘れて、何でもかんでも言語化し、言葉に訴えようとするなら、世界はゆがむだろうということです。

言葉は世界認識の手だてではありますが、じつは世界を現出《げんしゅつ》する働きもします。たとえば、「不登校」という言葉は、あたかもそのような症候があるように錯覚させ、実際にそうした新しい世界を生み出しました。では、その結果どうなったか。学校に行けない子どもたちはひとくくりにされ、現象は単純化されてしまいました。個々の事情を、逆に見えなくしてしまったのです。言葉をとおしてものは見えてくるはずでしたが、逆に言葉がものを見えなくしてしまうことはあるのです。

世の中には、言語化できない問題が、というより安易に言語化してはならない問題がたくさんあります。違和感を、違和感のままに感じる。曖昧さを、曖昧さのままに受け入れる。そうするしかない世界です。言葉に敏感になったみなさんは、これからは言葉を絶対視することを、むしろ慎むべきかもしれません。詩の試みを批判しているわけではありません。詩ですら接近できない世界が、あるということです。

この本が完成するにあたっては、多くの方からのお力添えをいただきました。厚く御礼申し上げます。また、教え子や、公開講座の受講生の方々と過ごした時間がなければ、このようなものは書けなかったということも、感謝の気持ちを込めて申し添えておきます。

二〇〇八年一月　鈴木信一

★読者のみなさまにお願い

この本をお読みになって、どんな感想をお持ちでしょうか。次ページの「100字書評」（原稿用紙）にご記入のうえ、ページを切りとり、左記編集部までお送りいただけたらありがたく存じます。今後の企画の参考にさせていただきます。また、電子メールでも結構です。

お寄せいただいた「100字書評」は、ご了解のうえ新聞・雑誌などを通じて紹介させていただくこともあります。採用の場合は、特製図書カードを差しあげます。

なお、ご記入のお名前、ご住所、ご連絡先等は、書評紹介の事前了解、謝礼のお届け以外の目的で利用することはありません。また、それらの情報を六カ月を超えて保管することもありません。

〒一〇一―八七〇一　東京都千代田区神田神保町三―六―五　九段尚学ビル
祥伝社　書籍出版部　祥伝社新書編集部
電話〇三（三二六五）二三一〇　E-Mail : shinsho@shodensha.co.jp

キリトリ線

★本書の購入動機（新聞名か雑誌名、あるいは○をつけてください）

＿＿＿新聞の広告を見て	＿＿＿誌の広告を見て	＿＿＿新聞の書評を見て	＿＿＿誌の書評を見て	書店で見かけて	知人のすすめで

★100字書評……800字を書く力

名前

住所

年齢

職業

鈴木信一　すずき・しんいち

一九六二年、埼玉県生まれ。横浜国立大学教育学部国語科卒業。埼玉県立高等学校に勤務。二〇〇七年度早稲田大学文学研究科派遣研究員。「文芸創作は、国語学習のゴールではなく、スタート」をモットーに、詩や小説の創作指導に力を注ぐ。毎夏、一般・社会人向けに《小説を書きたい人のための文章講座》を開いている。それらの授業のなかでえた経験をもとに、読む文章講座をまとめた。

著者メールアドレス　kakutikara2008@yahoo.co.jp

JASRAC 出0717689-701

800字《じ》を書《か》く力《ちから》

小論文もエッセイもこれが基本！

鈴木信一《すずきしんいち》

2008年 2 月 5 日　初版第 1 刷発行
2008年 2 月25日　　　第 2 刷発行

発行者……………深澤健一
発行所……………祥伝社《しょうでんしゃ》
〒101-8701　東京都千代田区神田神保町3-6-5
電話　03(3265)2081(販売部)
電話　03(3265)2310(編集部)
電話　03(3265)3622(業務部)
ホームページ　http://www.shodensha.co.jp/

装丁者……………盛川和洋　イラスト……………武田史子
印刷所……………萩原印刷
製本所……………ナショナル製本

Printed in Japan　ISBN978-4-396-11102-1 C0281

〈祥伝社新書〉好評既刊